中華文明
第一課

金夢瑤

施仲謀

本書由香港教育大學中國語言學系資助出版

責任編輯：　林可淇
裝幀設計：　涂　慧
排　　版：　周　榮
校　　對：　趙會明
印　　務：　龍寶祺

中華文明第一課

作　　者：　金夢瑤　施仲謀
出　　版：　商務印書館（香港）有限公司
香港筲箕灣耀興道 3 號東滙廣場 8 樓
http://www.commercialpress.com.hk
發　　行：　香港聯合書刊物流有限公司
香港新界荃灣德士古道 220-248 號荃灣工業中心 16 樓
印　　刷：　嘉昱有限公司
香港九龍新蒲崗大有街 26-28 號天虹大廈 7 字樓
版　　次：　2023 年 5 月第 1 版第 1 次印刷
© 2023 商務印書館（香港）有限公司
ISBN 978 962 07 5926 0
Printed in Hong Kong

版權所有　不得翻印

序

劉衛林

香港城市大學講師

中華文明璀璨輝煌，歷經千秋歲月的神州大地之上，江山風物亘古錦繡壯麗，聖賢豪傑英雄事跡說之不盡。中華文明的博厚豐盛，無論歷史山川人物都足以令人神馳嚮往。中華文化源遠流長的傳承，與涵蓄彌綸的精深博大，在文明史上以至在人類歷史上都極為突出，值得大家高度重視並且好好認識學習。

今日社會在致力推動培養同學掌握科技領域知識的同時，更需要培養充實的文化內涵，尤其對於人文精神的認知與提升學習。以人為本的中華文化對於提升個人以至社會質素而言，有極為重大的意義。香港教育大學中國語言學系金夢瑤博士與施仲謀教授編撰並出版這本《中華文明第一課》，正是從教育角度面向今日時代與社會文化學習需要，有助切實推動本地文教的一本卓犖專著。

這本從彰明中華文明特點到弘揚中華民族優秀傳統文化，有助提升社會以至時代文化素養的好書，有別於一般介紹中華文明著述的最大之處，在於不但深入淺出地介紹神州上下數千載文明，更能在闡述全面的同時兼顧深度，彰明中華文化的博厚之外，同時能抉示中華文化的高明所在。本書從介紹中華壯麗山川開展，依次闡述中華文化的地理、交通、科學、技術、習俗、歷史、文學、藝術、教育等各方面，涉及範疇已包攬中華文明的主要內容。在本書當中，黃河的氣勢磅礴，長江的波瀾壯闊，泰山的雄偉巍峨，西藏花海的美不勝收，傳統習俗的特色與科技藝術等卓越成就，以至沛然充乎天地的英雄氣概，無不一一展現於讀者眼前。書中除以兼顧全面的組織架構及極為精到的文筆，闡明中華文化各方特點之外，又能特意將中華文化精粹為讀者點出，諸如孔孟之學的以人為本，禮教精神在推己及人，干支與陰陽五行八卦及生活的日用關涉，錢幣形制所反映天圓地方哲學觀念，甚至園林藝術移天縮地理論，這些傳統文化中極其重要的理念，都在饒具趣味的說明中一一重點交代。在廣度與深度兼備的闡述中，本書充分凸顯了中華文化的特色，從而交織出中華文明璀璨光輝的一面。

本書另一特色是在內容上能針對當下生活與閱讀對象興趣，在匯通今古的闡述中，令文化學習抵於切問而近思的地步。書中除用如搖籃等生動比喻說明文化特色外，又擷取如炎黃子孫、萬里長城、兵馬俑、火焰山、花木蘭、楊家將等膾炙人口的文化圖騰，以精練生動解說帶出文化特色，令同學讀來趣味盎然倍感親切之外，又能進一步將傳統文化與現實生活結合。像從傳統節令習俗聯繫到北京冬奧會，從古代商貿航運談到電子貨幣與北斗衛星導航系統，從傳統禮儀牽涉到元宇宙虛擬世界，全都是在內容上將傳統文化與現今生活日用聯繫起來，令讀者在認識中華傳統文化之際，可以不因古今之隔而影響投入學習。

本書還有一最大特色，是寓文藝於文化學習的同時而能體現詩教於其中。全書各單元標題幾全用詩的語言去撰寫。如標題「江山如此多嬌」與「欲與天公試比高」，便出自毛澤東主席的《沁園春》。此外「萬里風檣看賈船」、「勸君今夕不須眠」、「衣食當須紀」、「天地英雄氣」與「興酣落筆搖五嶽」等單元標題，及內文「黃河之水天上來」等小標題，便都分別來自王安石、楊無咎、陶淵明、劉禹錫和李白等作品當中。此外書中闡述各項文化特色時，往往又徵引詩句來說明或深化解釋。像篇中提到中華民族搖籃黃河時，便以李白《將進酒》「君不見黃河之水天上來，奔流到海不復回」，和劉禹錫《浪淘沙》的「九曲黃河萬里沙，浪淘風簸自天涯」，來形容黃河的磅礴氣勢與壯麗景象，與歷遍曲折而始終一往無前的頑強與豪邁。又如引《木蘭詩》說明巾幗英烈的忠孝雙全；引杜甫《茅屋為秋風所破歌》與辛棄疾《水龍吟》，說明傳統讀書人的悲天憫人襟懷與愛國情操。透過這些千秋傳誦的詩詞名作，書中繪影繪聲地勾勒出震撼人心的山川風貌景象，刻畫出前賢仁人愛物的偉大胸襟，更展現出先烈豪邁干雲的英雄氣概。在讀者閱讀詩篇而心靈激蕩之中，傳遞着中華文明最精粹的面貌與情操，藉着詩歌感人易入的特色，從感動中成就道德人格的陶鑄化育，由此實現傳統詩教的理想。能在細說中華文明中深刻體現詩教理念，正是本書的一大特色，也是這本有助推動文教的好書，有別於一般泛說中華文明之作的主要地方。

司馬遷在《史記》中稱頌屈原所作《離騷》的偉大，在於能夠「上稱帝嚳，下道齊桓，中述湯武，以刺世事。明道德之廣崇，治亂之條貫，靡不畢見。」這本細說中華文明的好書，時間上從新石器時代到炎黃二帝，一直縷述至於今日；地域上從長安、新疆、西藏，到長城與山海關，以至大灣區的香港，不但內容上下包攬數千年中華文明，縱橫萬里神州大地，更在帶領大家汩汩滔滔地涵泳於中華文明長河的同時，以仁愛與禮義忠孝感動青少年讀者，在稱道規模上的波瀾壯闊，與彰明傳統道德的崇高廣被，可說足以踵武前賢。魯迅讚譽司馬遷的《史記》是「史家之絕唱，無韻之《離騷》。」個人深信彰明中華文明有助當下文教的推動，以至傳統詩教理想得以在本地社會實現，定會隨着《中華文明第一課》這本無韻之《離騷》的出版行世，而得以邁向進一步的開展與深化，對發揚中華民族優秀傳統文化有助建設社會風教，提升青少年個人質素更有莫大的裨益。

二〇二三年春日劉衛林謹序於鞍山致遠軒

作者的話

中華文化源遠流長，博大精深。它體現數千年深厚的文化積澱，蘊藏古哲先賢的智慧結晶，凝聚民族情感，閃耀理性光芒，是滋養每一代中國人的知識養分，也是中華民族共享的文化密碼，對現代中國產生深遠的影響。

從本書的第一單元「江山如此多嬌」，讀者可以領略山河地理、四時風物所承載的中華大地的自然美。自然美是人們經常能夠欣賞和感受的，久而久之就會形成一個民族共同的審美標準。讀者欣賞祖國的大自然之美，可開闊視野，增長見識，更能激發熱愛國家的情感，培養高尚情操。行萬里路，眼界才會開闊，心胸才會寬廣，志向才能高遠。所謂海納百川，有容乃大。

社會生活無處不展現出中華文化，如節慶、風俗、飲食、器物、藝術等，不但豐富多彩，還體現中國人的精神和浪漫情懷。從本書的單元二至單元五，讀者可以看到，從中國古代的青銅器、陶瓷，到現代的航天科技、衛星導航，均兼精巧技藝和人文情懷於一體，無論小巧玲瓏還是龐然大物，都具有直抵人心的動人力量。從商代貝幣到現代電子貨幣，體現中國人的商業審美和管理思維。

單元六「天地英雄氣，千秋尚凜然」介紹了神話人物和歷史英雄，他們體現了中華民族優秀的羣體性格和道德品質，如愛國為民、忠勇孝義、清正廉明等。作為各行業和領域中的典型代表，他們的人生值得我們認識和了解，尤其是給讀者作榜樣和參考，讓讀者思考：我想成為一個怎樣的人，如何能成就一個更美好的人生。

單元七「興酣落筆搖五嶽」呈現中國古典文學的發展主脈，包括：詩、詞、文學作家和作品，以及古典長篇小說扛鼎之作「四大名著」。除文學之外，音樂、曲藝、書畫、園林，也具有相同的文化氣質，展示了中華民族的智慧和創造力，以及熱愛生活的審美情趣。賈湖骨笛讓我們能夠聽到九千年前的中華音樂，還有塤、古琴、編鐘、石磬等，在中華民族的歷史長河裏餘音裊裊。藝術承載人們心靈、精神的共鳴，中國書畫和園林藝術，都體現出濃淡相宜、虛實結合的中國傳統美學。這些都是造物技術和藝術審美的完美結合。

中華文明不但體現在諸多外物上，我們每個人的日常言行舉止，也折射出傳統文化的影子。在單元八「成天下之材者在教化」中可見，從古時候的禮敬天地君親師，到現代的虛擬社交，都表現出中國重禮、習禮、懂禮、守禮的原則。「禮」是制度、規則和社會觀念，「儀」是「禮」的具體表現形式，合起來就是「禮儀」，這是中華文明的核心組成部分。「禮」既能維持人倫關係和社會秩序，也平衡了物質和精神的雙重需求。所以我們學習「禮儀」，不僅是傳承中華優秀傳統文化，還具有極大的現實意義。

從古至今，數千年的中華文明璀璨而浩瀚，這本書精心挑選極具代表性的中華文明成就，給讀者提供了每個中國人所應了解的中華文明輪廓。全書深入淺出，輕重適宜，活潑靈動，趣味盎然。本書共設八個單元，每單元有八篇文章，從物質文明、精神文明、制度文明等不同範疇切入。每篇約一千字，兼具知識性與可讀性，適合青少年閱讀，以便全方位了解中華文明從古到今的重要成果，從而全面認識國家發展。

本書的選材和行文，貼近生活，與語文課程相結合，使讀者擴視野，長知識，開思路。每個專題都提出「想一想」問題，讓讀者發揮想像空間，體現學習中華文化的目的不只是增加知識，更重要的是理解一個國家、一個民族應該怎樣把握自己的命運，怎樣不斷地前進。

我們深切期盼，讀者通過認識古代中國的優秀文化以及現代中國的先進科技，能夠了解民族歷史，認識國情、國家地理和各方面標誌性的發展與成就，以培養國家民族觀念，培養國民身份認同，增強文化自信，成為德才兼備的香港新一代。

目錄

序　劉衛林 …… i

作者的話 …… v

第一章　江山如此多嬌

黃河之水天上來 …… 2
大江東去浪滔滔 …… 5
三山五嶽立神州 …… 8
西藏林芝山水秘 …… 11
峽谷縱橫火焰山 …… 15
萬里長城橫疆野 …… 18
帝都王氣護長安 …… 21
殷墟甲骨現傳奇 …… 24

第二章　萬里風檣看賈船

地下礦藏廣為開發 …… 30
古今貨幣琳琅滿目 …… 33
絲綢之路連通海陸 …… 36
大運河縱貫通南北 …… 39

鄭和寶船七下西洋..42
東方之珠魅力香港..45
活力創新築夢灣區..48
北斗衛星智慧導航..52

第三章　欲與天公試比高

中華醫藥顯神通..58
百科全書《天工開物》..61
青銅藝術燦古爍今..65
烈火烘爐盛美陶瓷..68
玉不琢，不成器..71
四縱四橫高鐵網..74
神舟萬里赴天宮..78
領航世界無人機..81

第四章　勸君今夕不須眠

正月迎春慶團圓..86
春秋二祭憶先人..89
糉子龍舟度端午..92
月到中秋分外圓..95
木偶皮影展魅力..98
棋局千變盤盤新..101
雜技表演多姿彩..104
北京奧運歡迎你..107

第五章　衣食當須紀，力耕不吾欺

家宴筵會講禮儀……114
筷子靈活多功能……117
百菜百味色香備……120
釀酒烹茶有學問……123
十二生肖奇趣談……126
天干地支多妙用……129
廿四節氣分四季……132
陰陽五行藏玄機……136

第六章　天地英雄氣，千秋尚凜然

鴻蒙初開始造人……142
射日治水為蒼生……145
儒門孔孟皆聖人……148
文成公主嫁吐蕃……151
忠孝兩全花木蘭……154
一門忠烈楊家將……157
鐵面無私包青天……160
科學里程碑沈括……162

第七章　興酣落筆搖五嶽

建安風骨三曹父子……168
詩壇雙峯李白杜甫……171

文以明道：韓愈、歐陽修………………………………………… 174
詞家盛者：蘇軾、辛棄疾………………………………………… 177
扛鼎之作四大名著……………………………………………… 180
國樂風情：古琴、二胡、骨笛…………………………………… 183
曲藝精粹：京劇、崑劇、粵劇…………………………………… 185
書畫園林妙合天然……………………………………………… 188

第八章　成天下之材者在教化

禮敬天地君親師………………………………………………… 194
謙稱尊稱要分清　……………………………………………… 197
舉手投足有規範………………………………………………… 200
虛擬社交禮不虛………………………………………………… 203
察舉制與科舉制………………………………………………… 206
方塊漢字源遠長………………………………………………… 209
白話文言一脈傳………………………………………………… 212
德先生和賽先生………………………………………………… 215

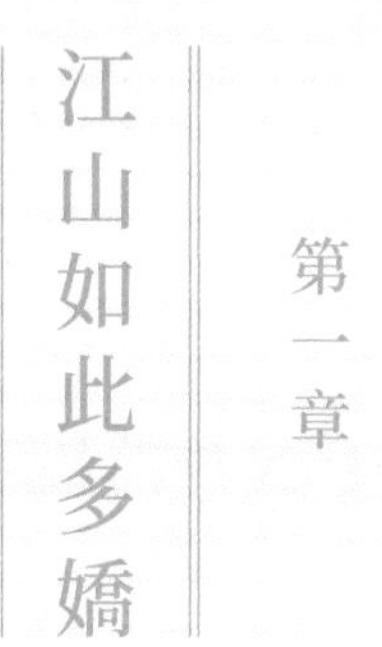

第一章

江山如此多嬌

黃河之水天上來

你知道「黃河」一名的由來嗎？

為甚麼說黃河是中華民族的搖籃？

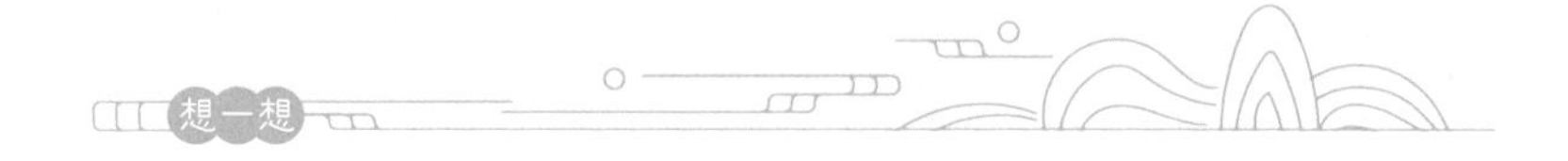

中華民族的搖籃

上古時代，黃河只是簡單地通稱為「河」，或「河水」、「大河」。它流經土質疏鬆的黃土高原，泥沙俱下，河水呈黃色。到了唐代，它才被命名為黃河。

黃河全長 5494 公里，流域覆蓋甚廣，面積達 75 萬平方公里。自源頭青海，流經四川、甘肅、寧夏、內蒙古、陝西、山西、河南和山東合共九省，最後匯入渤海。

早在距今約 70 萬年到 115 萬年的舊石器時代，黃河流域一帶已經發現藍田猿人的活動蹤跡。「三皇五帝」時期，出現很多為文明作出貢獻的人物：指導農業生產和發明醫藥的炎帝神農氏；製衣冠、建舟車、制音律的軒轅黃帝；教人養蠶的嫘祖；創造文字的倉頡；發明算術的隸首。因此，我們把黃河喻作中華民族的搖籃。

阪泉之戰中，炎帝戰敗，遭併入黃帝部落。炎黃集團在涿鹿之戰中打敗蚩尤，建立更龐大的部落聯盟，形成中華民族的雛形。中華文明起源於炎帝與黃帝時期，所以我們以「炎黃」二帝作為民族的祖先，並自稱「炎黃子孫」。

祖先篳路藍縷，在黃河流域歷經漫長歲月的繁衍生息，最終孕育出燦爛的中華文明。

爍古耀今的詩句

古往今來的文人墨客，常以「母親河」黃河為題材，寫出抒情言志的詩歌，為我們留下許多震古爍今的作品。黃河氣勢磅礴、景象壯麗，帶給人們無比震撼的心靈感受，是詩人寫作的靈感源泉。比如唐代詩人李白在《將進酒》開篇即描寫黃河的壯闊氣勢：

君不見黃河之水天上來，奔流到海不復回。

詩人以黃河奔流入海、一去不返之勢，表達流光易逝，萬物難留，勸導應該珍惜當下。全詩體現作者開闊的心境和曠達的胸懷：功名利祿如浮雲過眼，不必強求；而天生我材必有用，不必妄自菲薄。

唐代另一位詩人劉禹錫在《浪淘沙》寫道：

九曲黃河萬里沙，浪淘風簸自天涯。

黃河之中的無數砂礫，流過萬里，經受浪濤的沖洗和狂風的簸蕩，從源頭一路奔海而去。詩人用樸素無華的文字，讚頌河中沙能夠歷遍九處曲折彎道而不下沉，始終一往無前的頑強品格，寫出浪漫而豪邁的境界。

大江東去浪滔滔

你知道長江有哪些別稱嗎？
你知道三峽工程的歷史嗎？

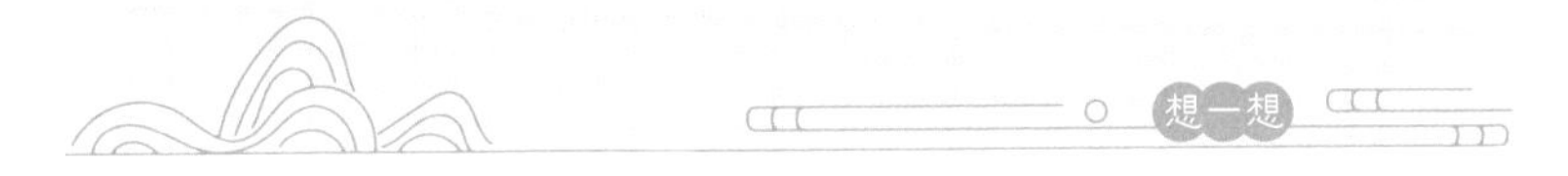

楚文化

長江，由雪峯積存的大量冰雪融化而成。幹流發源於青藏高原，源頭是沱沱河，流經青海、西藏、雲南、四川、重慶、湖北、湖南、江西、安徽和江蘇，最後匯入東海。全長 6300 公里，流域覆蓋面積 180 萬平方公里，是中國第一大河，也是世界水能第一大河以及第三長河。外國人通常把它稱為「揚子江」(Yangtze River)。

長江誕生了與黃河流域同樣古老的新石器時代文明，溯江而上依次分佈着吳越文化區、楚文化區、巴蜀文化區。其中楚文化的影響最大，具有八百年歷史的楚國，曾是當時世界面積最大的國家。

楚文化發源於中原文明，在禮樂文化的基礎上，受到南方蠻夷文化和巫神文化的影響，呈現神秘主義和浪漫色彩：

比如莊子文學的風格，還有屈原所寫的《楚辭》和《離騷》。楚文化的代表文物包括曾侯乙編鐘、越王勾踐劍、虎座鳥架鼓，雲夢睡虎地秦簡等。虎是中原文明的象徵，鳳是楚文化的象徵，兩者同時出現在虎座鳥架鼓中，體現楚文化兼收並蓄、海納百川的包容精神；越王勾踐劍，則讓人想起越王勾踐臥薪嘗膽的故事，及其忍辱負重、艱苦奮鬥的精神。

三峽工程

長江水能資源豐富，僅次於亞馬遜河。為了發揮最大效能，就建成了迄今為止世界上規模最大的水利樞紐工程 —— 三峽工程。

長江三峽，指瞿塘峽、巫峽、西陵峽。三峽工程是中國人近一個世紀的治水夢。1918 年，孫中山在《建國方略》提出三峽工程的最初設想：「當以水閘堰其水，使舟得溯流以行，而又可資其水力。」但未實施就夭折。

新中國成立後，為研究三峽水利工程的可行性，1956 年成立了長江流域規劃辦公室。同年，毛澤東主席巡視南方，寫下「更立西江石壁，截斷巫山雲雨，高峽出平湖」，表達出對三峽工程的深厚期待。

但巨額的費用，極高的技術難度，導致工程直至 1994 年 12 月 14 日才正式動工。2006 年 5 月 20 日，世界第一水壩三峽大壩宣告完工。2020 年 11 月 1 日，三峽工程竣工並驗收全部程序，宣告三峽工程全面完成！

作為世界上最大的水電站，自 2003 年首批機組投產發電以來，已源源不斷地供電至華中、華東和南方十省市，為長江經濟帶發展注入強勁動力，為國家發展提供強大的清潔能源。

三山五嶽立神州

你知道甚麼是「封禪」嗎？

西王母的瑤池在哪裏呢？

五嶽之首

明代大旅行家徐霞客遊五嶽後讚歎：「五嶽歸來不看山。」五嶽，指泰山、華山、恆山、衡山和嵩山。五嶽之中，以泰山獨尊。泰山又名岱山、岱宗或泰嶽，位於山東省中部，海拔 1532 米。登上泰山之巔的玉皇頂，俯瞰廣闊的齊魯大地，紫氣東來，頗有淩駕一切的崇高壯闊之感。唐代大詩人杜甫在《望嶽》中寫道：

會當凌絕頂，一覽眾山小。

藉此表達定要登上泰山頂峯，俯瞰羣山的豪情滿懷。「會當」是唐代口語，意即「一定要」。

《史記》作者司馬遷亦說：

人固有一死，或重於泰山，或輕於鴻毛。

泰山是黃河下游的第一高山。古時黃河流域經常發生水災，先民便依靠泰山避災。泰山東臨大海，可見日出東方的雄偉壯觀之景，給人不可征服的崇高之感。人們便借泰山來比喻不朽的人生價值。

封禪，是帝王才有資格舉行的祭祀天地的儀式。除了顯示當世君主治國的卓絕功績，亦祈求國泰民安，風調雨順，百姓安居樂業，繁華盛世代代延續。幾千年來，歷代帝王的封禪中，泰山地位超然。據說在夏商周時期，已有 72 位君主到泰山封禪。統一中國的秦始皇，以及漢、唐、宋等朝代的君王，也曾到過泰山封禪。而清代僅是乾隆時期，就有多次泰山封禪的紀錄，乃歷代君主之冠。

神仙居所

關於「三山」最早的說法，是指神仙居住的「三神山」。《史記・秦始皇本紀》載：「齊人徐市等上書，言海中有三神山，名曰蓬萊、方丈、瀛洲。」

後世對「三山」的分類很多，廣為流傳的是指天山、長白山、崑崙山。天山位處新疆，是古代絲綢之路的重要支道。西漢和親的細君公主、解憂公主，唐代遠赴西天取經的玄奘，一代天驕成吉思汗，都曾到過天山；長白山是東北第一高峯，在《山海經》已有記載，稱作「不咸山」。

崑崙山平均海拔達到 5500 至 6000 米，山體浩闊，氣象萬千，跨越青海、四川、新疆和西藏四省。在《山海經》、《禹貢》有許多具神秘色彩的記載。崑崙山是百神所在，其中崑崙神話與希臘神話齊名。相傳這裏有西王母的瑤池，長了許多結滿珍珠和美玉的仙樹。虎身人面的開明獸為崑崙墟守門。崑崙神話浪漫美麗，為後世文學帶來大量創作靈感：例如《穆天子傳》周穆王赴西王母瑤池宴、《西遊記》孫悟空偷吃王母娘娘蟠桃園的仙桃等。

西藏林芝山水秘

你知道西藏桃花源嗎？

你知道「龍王谷」在哪裏嗎？

塞上江南

西藏的自然環境優越，乾淨純潔，被譽為是世間最後一片淨土。無論是巍峨雪山還是無人荒漠，都最大程度保留純樸之美，大自然的萬千景象盡收於此，令人一見難忘。

林芝，位於西藏東南部，有「塞上江南」的盛譽。這裏有世界最深的峽谷雅魯藏布大峽谷、西藏眾山之父南迦巴瓦峯、龍王谷魯朗、藏王故里波密。

每年三四月份，是林芝最美的時節。屋後房前，雪山下，聖湖邊，到處都是燦爛盛開的桃花。這裏的桃花雖沒有江南的含蓄柔美，但因為大多是野生，樹幹粗大遒勁，呈現出穹勁灑脫、肆意張揚的原始生命力。湛藍的天空，潔白的雪峯，碧玉般的河水，繁花似錦的野桃林，組成處處美不勝收的畫景。除了風景壯美，林芝的波密是吐蕃第一代藏王聶赤贊普的出生地。「波密」是藏語，意指祖先，因此波密被稱為藏王故里，地位不凡。

物候是指動植物受天氣和氣候影響而產生的週期性變化。古代中國以農立國，物候對古人的生活和生產來說極為重要。中國生長和栽種桃樹的地域廣泛，歷史悠久。三月桃花綻放，是人們識別春天的信號。《呂氏春秋‧仲春紀‧二月紀》寫道：「仲春之月……始雨水，桃李華，倉庚鳴。」人們觀察到農曆二月時，桃樹開花、雨水增多、黃鸝鳴叫。桃花不但是古代文獻中常見的春天物候，後世還有許多書寫桃花的詩文。比如唐代詩人戴叔倫的「蘭溪三日桃花雨，夜半鯉魚來上灘」，就是寫浙江蘭溪春雨後，桃花漫天飛舞，鯉魚紛紛湧上溪頭淺灘的活潑生機。還有陶淵明的《桃花源記》，是千百年來中國人隱逸的精神家園。

「人間四月芳菲盡，山寺桃花始盛開」。中國疆域遼闊，氣候不盡相同。江南桃花在早春最先綻放，而西藏林芝的桃花還能開到五月呢。位於林芝的嘎拉村是傳統的藏族村落，因桃花盛名在外，被譽為「林芝桃花第一村」。惠風和暢的春日，油菜花和桃花在三面環山的村落依山盛放，芳草鮮美，是真正的世外桃源。

魯朗林海

林芝東面的魯朗，在藏語中意為「龍王谷」，位處深山密林之中，森林覆蓋面積超過八成。谷地豐潤的雨水與溫暖的陽光，滋養出繁茂的植被，形成高原山地草甸狹長地帶。兩側是青山，中間是草甸，溪流在草甸中蜿蜒而過，綠草如茵，野花遍地。山間的雲霧時聚時散，星羅棋佈的木屋時隱時現。遠處是覆蓋皚皚白雪的雪山冰川，大氣磅礴；近處是慢慢悠悠吃草的牛羊，閒適自在。

從林芝到魯朗會經過色季拉山，它屬於念青唐古拉山脈，登臨可觀無際的林海，遠眺可望南迦巴瓦峯的雄姿。每年春夏時節，從山腳到山頂，漫山遍野依次綻放的杜鵑花讓它聞名遐邇。這裏的杜鵑花品種多達 25 種，黃色、白色、紫色、大紅、淺紅、粉紅等，盡染高原，甚是壯觀。

桃花謝後，杜鵑花開，西藏處處花海，美得不似人間，卻又真實存在。難怪令人那麼神往，許下一生總要去一次的願望。

峽谷縱橫火焰山

你知道火焰山地表最高溫度是多少嗎？

《西遊記》中，孫悟空用甚麼撲滅了火焰山的火？

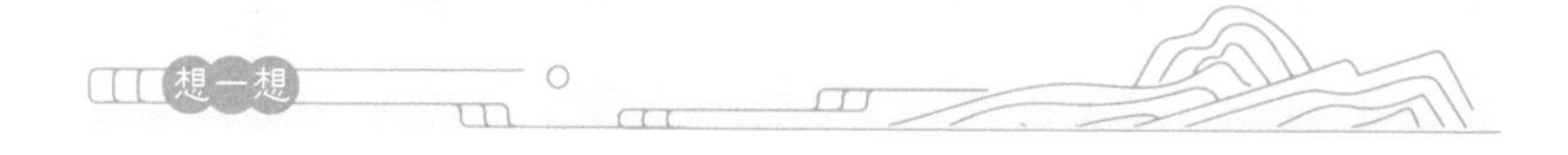

熱焰欲燒空

新疆吐魯番是中國夏天最熱的地方。而其中溫度最高的當屬火焰山。

火焰山位於吐魯番盆地的北部，是古代絲綢之路北道，夏季地表最高溫度能達到攝氏八十多度，沙堆裏能夠烤出香噴噴的雞蛋。很有意思的是，地球上其他同樣處於北緯 42 度的地區，絕大多數都是舒爽涼快的。

火焰山古稱「赤石山」，在新疆維吾爾語中叫做「克孜勒塔格」，意思是紅山，因為它主要由赤紅色的砂礫岩和泥岩組成，看起來紅彤彤。

火焰山寸草不生，獨木不存。每逢盛夏，砂礫岩受烈日照射，灼灼閃光，加上滾燙的熱氣翻騰上升，看起來就像烈焰熊熊，火舌燎天。

地勢低沉是它長年酷熱的主要成因。火焰山位於吐魯番盆地的最低點，這也是中國陸地的最低點。它與周圍山體的高度相差超過 5000 米，無法輕易散去熱氣。

與火焰山荒山禿嶺形成強烈對比的是縱橫的峽谷。融化的雪水流淌谷底，孕育出狹長綠洲。葡萄溝，顧名思義，栽種了近百種葡萄：如無核白、馬奶子、紅玫瑰等，可謂一座葡萄博物館。藤蔓層疊的葡萄架，構築起生機盎然又香甜撲鼻的綠蔭世界，秀麗清涼，沁人心脾。吐峪溝，有著名的千佛洞，開鑿於魏晉南北朝時期，見證中原佛教與西域佛教最早的交匯。

三借芭蕉扇

中國四大名著之一《西遊記》，書中「孫悟空三借芭蕉扇」的精彩故事讓火焰山聲名大噪。唐僧師徒四人從長安出發，一路風塵僕僕地西行取經，歷盡艱難到達火焰山，奈何熱氣襲人，無法繼續前行。只有牛魔王妻子鐵扇公主的寶物芭蕉扇，才可以撲滅火焰山。孫悟空第一次借扇，被鐵扇公主一扇子扇飛。第二次借扇，孫悟空變身小蟲進入鐵扇公主的肚子裏拳打腳踢，卻得到一把假扇。孫悟空於是化作牛魔王騙走真扇，但牛魔王又變成豬八戒騙回真扇。第三次借扇，孫悟空大戰牛魔王，最終鐵扇公主借出芭蕉扇，讓孫悟空成功撲滅火焰山，繼續向西趕路。孫悟空堅持不懈，勇於戰勝困難的精神值得我們學習。

萬里長城橫疆野

你知道「天下第一關」在哪裏嗎？

你知道烽火台的作用嗎？

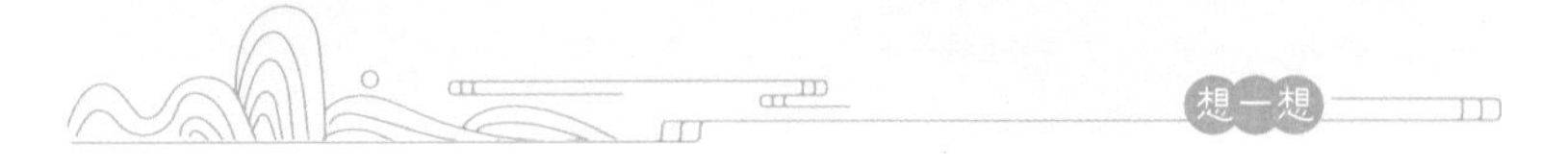

血肉築成的邊牆

蜿蜒起伏在千山萬嶺的長城，非常雄偉壯觀。它是一項十分龐大的建築工程，從秦到明，經過歷朝的修葺，才成現今的模樣。長城代表中國古代建築的傑出成就，1987 年被列入世界文化遺產名錄。

長城是一道邊牆，一種警示，為阻遏北方和西北方遊牧民族的入侵，追求農耕和遊牧民族和平共存而建。它從虎山長城起，經河北、山西、陝西、內蒙古、寧夏，至甘肅的嘉峪關，穿過崇山峻嶺，山澗峽谷，總長超過 2.1 萬公里，因而譽為「萬里長城」。

秦代長城是根據戰國時燕、趙、魏三國長城的基礎上修築起來。當年，秦始皇派大將蒙恬北伐匈奴，在收復河套地區之後，為防止匈奴再度入侵，於是徵召百姓與征伐匈奴的軍隊一起夜以繼日修建長城。艱辛的勞動，導致許多人客死異鄉，葬身長城腳下。這座花費無數人力、物力和財力興建的北方邊境保護牆，是人民血汗的結晶。

天下第一關

今天看到的萬里長城，主要在明代修建。兩百多年間，大規模施工多達十八次。明代長城關隘很多，均建在地勢險要之處，比如八達嶺居庸關、嘉峪關、山海關等。

山海關由明代開國功臣、大將軍徐達奉命建造，南臨渤海，北倚燕山，集海防和陸防於一身，是兵家必爭之地，因此有「天下第一關」之稱。山海關的東西南北方各有一城門，關城城牆高達十四米，烽火台星羅棋佈，構成一個堅固的軍事防禦體系。

秦漢的烽火台，會豎起一個掛着籠子的高架，籠內裝有乾柴枯草。若發現敵人來犯，白天在台上燃煙（稱為「燧」），夜晚則點起明火（叫做「烽」），以此傳遞資訊，所以烽火台也稱「烽燧」。

烽火台多建於高山頂、易於瞭望的丰阜和道路折轉處，與敵台、關城、衛所密切配合，構成一套完整的長城軍事防禦體系。烽火台絕大部分是方形或長方形，尺寸因地制宜，長五米至十米不等。戍守烽火台的有時五人，有時六人，有時十多人。其中燧長一人，一人負責炊事，另一人負責守望。其餘戍卒日常任務是修建長城、收集柴草等，各有分工，緊密配合。

帝都王氣護長安

你可以舉出中國歷史上三個定都西安的朝代嗎？

你知道秦始皇為何要興建如此龐大的兵馬俑嗎？

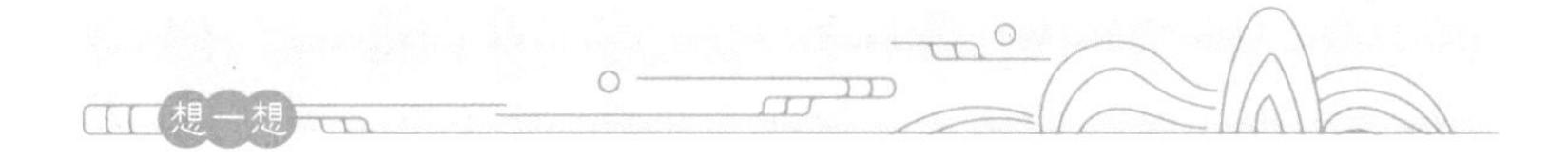

十朝古都

西安是世界四大古都之一，也是中國七大古都[1]之最，有3000餘年的建城史和1100年的建都史。西安位於陝西省中部，四面有高山環繞，易守難攻，因此中國很多朝代都選擇在此建都。自西周開始，歷經秦、西漢、前趙、前秦、後秦、西魏、北周和隋、唐。一千多年內，先後有10個王朝在此建都，因此西安又稱為「十朝古都」。

漢朝、唐朝建都西安時皆稱「長安」。明初改名為「西安府」，取「西北安定」之意，沿用至今。唐朝國勢強盛，長安是國際大城市和經濟文化交流中心。詩人王維於《和賈舍人

1 七大古都，指殷（遺址在今河南省安陽市小屯村）、長安（西安）、洛陽、開封、杭州、南京與北京。

早朝大明宮之作》中就描寫當時的盛況：

> 九天閶闔開宮殿，萬國衣冠拜冕旒。[1]

層層疊疊的宮殿門猶如九重天門，迤邐打開，異邦萬國的使臣都躬身朝拜唐朝皇帝。不少國家和民族紛紛派遣使節訪問長安，很多留學生來此求學，例如日本的最澄、空海等八位高僧來中國進修佛法和漢學，被稱為「入唐八家」。長安也是絲綢之路的起點，中國精美的絲綢從這裏出發，揚名世界。唐代詩人張籍在《涼州詞三首》中描繪絲路的盛況：「無數鈴聲遙過磧，應馱白練到安西」。外國的商旅也絡繹不絕地來到長安，給中國人的餐桌帶來了葡萄、核桃、胡蘿蔔、胡椒、胡豆、菠菜、黃瓜、石榴等。

今日西安，仍是陝西省政治、經濟和文化的中心，並在「一帶一路」擔當重要角色。

世界第八大奇跡

1974 年春天，在西安市臨潼縣西楊村，幾個農民打井取水，發現陶俑殘片，讓沉寂千年的兵馬俑重見天日。1987

---

1 冕旒：冕，禮帽。旒，禮帽前後端垂下的飾物。冕旒是古代最尊貴的一種禮帽。

年，秦始皇陵及兵馬俑坑被聯合國教科文組織列入世界遺產名錄，被譽為「世界第八大奇跡」。兵馬俑佈局錯落有致，是一個結構特殊的地下建築。總面積達 2 萬 780 平方米，共計 7000 多件與真人真馬大小相仿的兵馬俑，排列整齊，氣勢逼人。

兵馬俑坑的兵力皆按照實戰狀態佈置，士兵整裝待發，隨時準備迎擊敵人。目前出土各類兵器達四萬件，有劍、戈、矛、戟、斧、弓、弩等。經過 2000 多年，仍寒光閃閃，鋒利無比。

秦始皇耗費無數人力物力，興建規模龐大的兵馬俑，是希望在死後，仍能擁有一支所向披靡的大軍，繼續傲視天下。

殷墟甲骨現傳奇

你知道中國第一位女將軍是誰嗎？

你知道商代有哪些青銅器嗎？

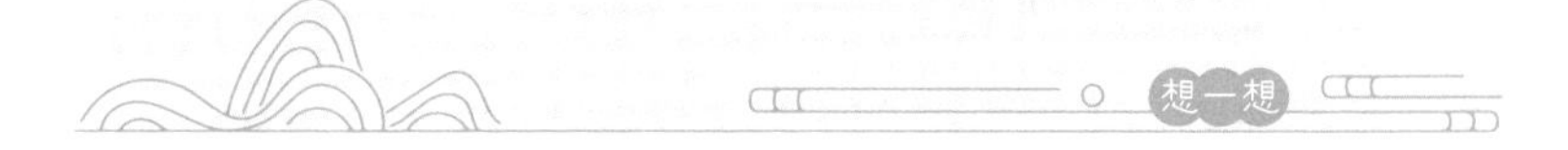

第一位女戰神

武丁是商王盤庚的姪兒，也是商朝一位非常有作為的君王，在位 59 年，文治武功，史稱「武丁中興」。

婦好是武丁的王后，也是中國歷史上第一位女戰神。甲骨文記載她屢任將軍征戰沙場，曾在商朝的西邊大敗羌人，還打敗過意圖前來侵略的鬼方，前後擊敗了北邊的土方、南邊的夷國、巴方等二十多個小國，可謂赫赫功勳。

婦好還擁有自己的封地和財產，經濟獨立，平日可以住在封地，也能夠自行鑄造各類青銅製品。她還會向丈夫武丁上貢，大多是占卜所需的龜殼、獸骨。

婦好學識廣博，還會負責商王朝的占卜和主持祭天、祭祖等工作，這些都能夠體現她的才華，以及在商王朝舉足輕重的地位。

青銅與甲骨

位於河南省安陽市小屯村的殷墟，被評為 20 世紀中國「100 項重大考古發現」之首，亦被聯合國科教文組織列入世界文化遺產名錄。

著名歷史學家、考古學家郭沫若曾寫下詩句讚美：「洹水安陽名不虛，三千年前是帝都。」

自公元前 1300 年，商王盤庚遷都到殷，到商朝滅亡的 255 年間，一直定都於此。這裏是商代晚期的政治、經濟、軍事、文化中心。

殷墟最大的發現是甲骨文。它是中國目前已知最早的成系統的文字，我們今天所寫的漢字，正是來源於此。至今出土刻字甲骨約十五萬片，大多記載商朝的占卜，包括祭祀、天象、收成、征伐等，甚至有商王日常生活的記載，比如遊獵、疾病、做夢、后妃生子等。

湮沒三千多年之後，婦好墓在 1976 年重見天日。墓中出土大量精美陪葬品，包括青銅器、玉器、骨器、石器、象牙製品、陶器、蚌器等。鴞尊是迄今發現最早的青銅鳥形酒尊，既有盛酒的功能，也有精巧的紋飾作觀賞之用。還有三聯甗，它需與甑一起使用。三聯甗可同時蒸出三大甑食品，就好像今天的多頭煮食爐一樣。汽柱甑形器，是把用來盛物的甑，放在裝滿熱水的炊具上，用蒸汽把甑內的食物蒸熟。雲南有道傳統的美味佳餚叫汽鍋雞，而商代的汽柱甑形器就是這種汽鍋了。

(圖片來源：台北國立故宮博物院)

第二章

萬里風檣看賈船

地下礦藏廣為開發

你能說出多少種天然礦產的名稱？

你知道干將和莫邪嗎？

干將與莫邪

相傳干將和莫邪夫婦是春秋末期吳國的鑄劍名匠，他們鑄造的寶劍皆鋒利無比，削鐵如泥。有一次，吳王闔閭命令干將採五山鐵精鑄劍。但經過三個月不眠不休的鑄造，仍然無法熔化鐵精。後來，莫邪嘗試把她的頭髮和指甲投進爐中，再用 300 個童男童女鼓風冶煉，終於鑄成名為「莫邪」的陰劍和名為「干將」的陽劍。

這個故事充滿傳奇色彩，不可盡信。然而，吳國確以精湛的鑄劍技術揚名天下。現今出土的吳王夫差矛與越王勾踐劍，深埋地下 2000 餘年，仍鋒利異常，毫無鏽斑，可見當時鑄劍技術的精良。

中國地大物博，地下礦藏豐富，如煤、石油、鐵、金、銀、銅、鋅、陶、瓷、鹽等。人們可以利用礦物的特性，生產生活用品或工藝品。

礦產資源的開採與利用，在古代就已成為一種專門工業，如採煤業、製鹽業、陶瓷業、冶鐵業、鑄銅業等。每種礦物的開採和提煉方法都不同。

自先秦起，古人就開始採金。西周時，已經發明以薄金葉包在銀、銅等金屬表面的包金技術。春秋時代的工匠，更善於以金屬絲在器物上鑲嵌文字或花紋。後來北宋時，人們已廣泛採煤作燃料，應用於鋼鐵冶煉工業，提高生產力。

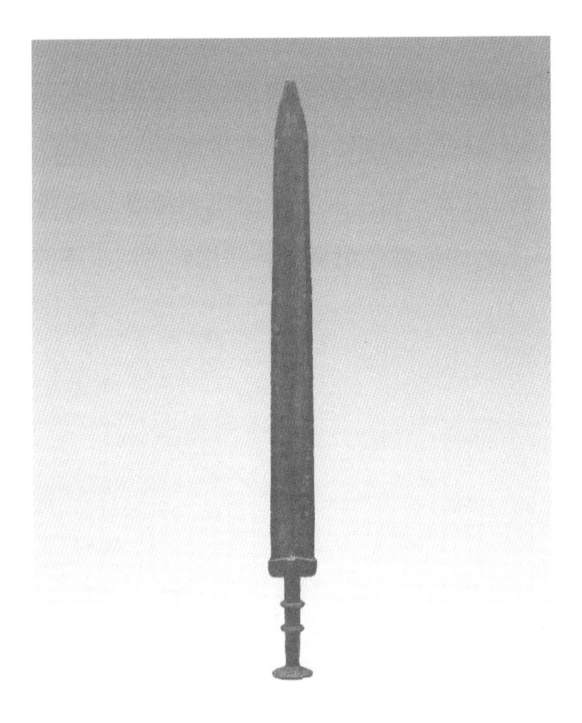

(圖片來源：台北國立故宮博物院)

好好珍惜，善用資源

中國的礦產分佈廣泛，幾乎全國各地都有。例如：煤集中於華北、山西、內蒙古、貴州、安徽、陝西等地；玉主要在新疆、雲南等地；石油集中在西部與東部地區，黑龍江、山東、河北的儲藏量佔了全國的70%；黃金主要出產自河南西部、黑龍江、陝甘川交界處及河北。香港也有多種礦物，如磁鐵、鉛、銅、鋅、石英、石墨等，分佈於港九新界不同地區。

礦物是大自然賜給人類的寶物，每種礦物都有其獨特的用途。例如：鉛可以製成化妝品，金屬礦物能製成形形色色的生產工具和器械，提高社會生產力。可是，這些天然資源是有限的，我們要學會珍惜資源，善用資源，不要浪費。

古今貨幣琳琅滿目

為甚麼秦始皇要統一貨幣呢？

你知道「數字人民幣」嗎？

從秦半兩、漢五銖到開元通寶

中國貨幣歷史悠久，源遠流長。商代婦好墓出土時發現了大量貝幣。春秋戰國時期已經出現各種形制的金屬貨幣，如以農具為形的布幣、以刀為形的刀幣、仿天然貝形狀的蟻鼻錢（銅貝），還有象徵天圓地方觀念的圈錢等。

後來，秦始皇統一中國，下令由國家鑄造銅錢，方便商業貿易。秦代的銅錢，名「半兩」，圓形方孔，直徑一寸二分。銅錢上刻有「半兩」二字，代表重量。秦朝的半兩錢確立了圓形方孔的錢幣形式，在中國沿用了2000多年。

至漢武帝時，推出了五銖錢，即是以五銖銅鑄造面值相等的錢。五銖錢為錢幣的輕重大小訂下基本標準。直到唐代才廢除五銖錢，並推出「開元通寶」。自此，「通寶」流通了1300多年，直至20世紀初。

除了銅幣，中國更是世界上最早使用紙幣的國家。北宋初年，四川一帶主要用鐵錢。但鐵錢體重面值小，使用很不方便。人們便發明類似存款收據般可以兌現、流通的手寫票券，稱為「交子」。北宋中期改由朝廷發行，交子成為世界上最早出現的紙幣。其後隨着商業日益繁盛，紙幣逐漸取代笨重的銅錢，成為主要的貿易貨幣。

貨幣還蘊藏深刻的中國文化。秦代圓形方孔的錢幣，方孔代表地，外圓代表天，象徵了中國古代天圓地方的宇宙觀念。此外，一錢之中，有天有地，也象徵皇帝君臨萬方，一統天下。

電子支付與數字人民幣

近年，隨着網購的興起，中國電子支付發展蓬勃，建立了微信支付、支付寶等第三方支付平台。隨之發展的還有「數字人民幣」。

數字人民幣是法定貨幣，和紙幣、硬幣等值。而微信支付和支付寶，是類似「錢包」的功能。

紙幣在流通中容易損壞，需要定期補充和發行，防偽技術也需要不斷提高，貨幣發行成本也會提高。而數字人民幣則可以節約生產成本、發行流通成本，以及提升防偽技術的成本等，更符合節約資源的環保理念。

2022年1月5日，中國人民銀行宣佈，數字人民幣（試點版）流動應用程式正式在各大手機應用程式商店上線，並在深圳、蘇州、雄安、成都、上海、海南、長沙、西安、青島、大連及冬奧會場景（北京、張家口）開展試點。隨着它的普及和發展，或許不久的將來，我們都使用數字人民幣了。

（圖片來源：台北國立故宮博物院）

絲綢之路連通海陸

張騫出使西域的主要歷史功績是甚麼？

你知道「海上絲綢之路」以甚麼貿易為主嗎？

張騫出使西域

司馬遷把張騫出使西域譬為「鑿空」，「空」即「孔」，意思就是開闢孔道。中原通往西域的道路雖然早就存在，但實際到張騫出使以後，漢朝與西域交通孔道才漸次暢通，往來日益頻繁，逐漸形成中西交通史上著名的「絲綢之路」[1]。

隨着絲綢之路的開通，漢朝與西域在經濟、文化上的交流得到飛躍發展。中國把冶鐵、鑿井、造紙等技術傳至西域；把絲綢、漆器、銅鏡等經中亞傳入西亞、歐洲。西域的音樂、舞蹈，波斯、希臘的美術，印度的佛教，以及西域物產如葡

1 張騫通西域後，開闢了中西陸上交通路線。這條交通路線，自長安經河西走廊進入西域，可通往西亞乃至歐洲。路線以運銷中國盛產的絲織品而聞名世界，因此稱為「絲綢之路」。

萄、苜蓿、胡桃、石榴等，亦經此傳入中國。

張騫出使西域，本意是為了建立反對匈奴的戰略聯盟，實際上卻建立了漢朝和西域各國間的官方外交。此後漢武帝又連年遣使前往西域[1]，與安息、身毒、條支等國通好。自此，西域諸國與中國的交往日益頻繁，大大促進中西文化交流。

海上絲綢之路

海上絲綢之路，也稱「海上陶瓷之路」和「海上香道」。中國海上絲路分為東海航線和南海航線兩條路線，其中以南海為主。

南海航線，起點主要在廣州和泉州。早在先秦時期，嶺南先民就在南海至南太平洋沿岸及其島嶼開闢了陶瓷貿易圈。《新唐書・地理志》記載唐代有一條廣州通海夷道，這是中國海上絲綢之路的最早名稱，也是當時世界上最長的遠洋航線。到了明代，鄭和下西洋標誌着海上絲路發展到了鼎盛時期。鄭和船隊途經 100 多個國家和地區，最終抵達東非和歐洲，擴大了中國對外貿易和文化交流的海上道路，推動了

---

1 漢朝時期把玉門關（今甘肅省敦煌市西北）和陽關（今甘肅省敦煌市西南）以西、蔥嶺（今帕米爾高原和喀喇崑崙山）以東的天山南北地區（今新疆）稱為「西域」，這是狹義的說法。廣義地說，西域包括蔥嶺以西，今中亞、西亞、南亞等地。

沿線國家的共同發展。

1987 年，在廣東省陽江市發現了宋代沉船南海一號。2007 年實施整體打撈，2014 年開始考古發掘。目前已出水 18 萬多件文物，包括五大名窰出產的瓷器，鐵器、竹木漆器、玻璃器，各類金、銀、銅、鉛、錫等金屬器。

此後發現的沉船不斷增加，如南宋沉船華光礁一號、明代沉船南澳一號等。從出水文物可見，海上絲路貿易以瓷器和香料為主。這些水下考古的成果，正徐徐打開海上絲綢之路的歷史畫卷。

(圖片來源：台北國立故宮博物院)

大運河縱貫通南北

為甚麼京杭大運河被稱為「天下第一人工河」？

你認為隋煬帝開鑿大運河有甚麼功過？

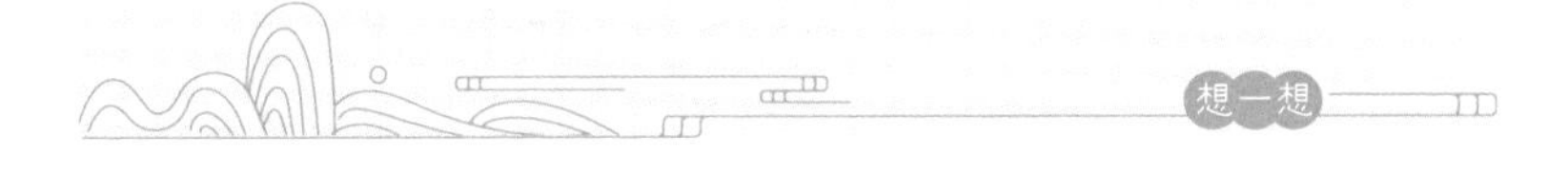

天下第一人工河

中國人早在 2500 年前就懂得開鑿運河。春秋時代，吳王夫差為了方便運輸兵糧，逐鹿中原，便在長江和淮河之間開鑿一條河道，稱為邗溝，後來成為南北大運河的其中一段。在隋代和元代先後進行兩次大規模的建設，進一步奠定京杭大運河的面貌。

京杭大運河全長 1794 公里，貫通了南北的水上交通網絡，是世界上開鑿最早，工程最大，路線最長的人工河。大運河北起北京，南達杭州，流經河北、山東、江蘇及浙江等地區，溝通了海河、黃河、淮河、長江和錢塘江五大水系，是古代中國唯一一條南北交通大動脈。

隋煬帝與大運河

大運河貫通了南北漕運，惠及百姓。大運河的漕運量很高，平均一年 400 萬石左右。運河促進了沿岸各區的農業、工業和商業發展，流經之處也因此發展出許多新興工商業城市，並促進了原有工商業市鎮的繁榮，包括天津、濟寧、徐州、淮陰、揚州、鎮江、常州、無錫、蘇州、嘉興、杭州等。

時至今日，大運河仍然擔當重要角色。中國南北地形和氣候不同：南方雨水充足，有時候更氾濫成災；而北方則少雨乾旱，嚴重缺水。為改善這個現象，國家便實行「南水北調工程」，大運河的河道便是其中一條極為重要的調水主線。

然而，事物往往會兼有正面和負面。唐代詩人皮日休寫了一首《汴河懷古二首・其二》：

盡道隋亡為此河，至今千里賴通波。

若無水殿龍舟事，共禹論功不較多。

他認為隋朝的滅亡與大運河有關。因軍事與民生需要，隋朝投入大量人力物力開鑿運河，不間斷地施工近 30 年。據說在開鑿大運河的六年裏，有數百萬民工死亡。最終造出全長 2500 多公里的大運河。隋煬帝其後乘坐一艘如同水上宮殿的大龍舟，沿大運河三下江南，流連江都，花費極大。若無此事，也許把他跟治水的大禹比較，功勞也差不多。

無論如何，大運河成為中國南北漕運交通幹線，促進了南北經濟、文化交流，功績不可抹殺。

鄭和寶船七下西洋

鄭和一共出使西洋多少次？

你認為鄭和下西洋的最大成就是甚麼？

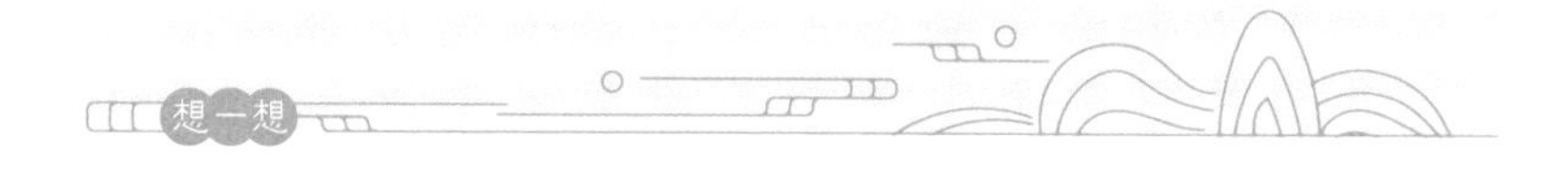

遠航先驅

鄭和是明朝航海家、外交家。他在明成祖至宣宗年間（1405–1433 年），先後七次率領龐大的船隊下西洋，前後歷時 28 年，所到的國家和地區達 30 多個。時間之長，規模之大，航線之遠，是世界航海史上的一大壯舉。

鄭和下西洋的艦隊，規模龐大。最後一次出使，隨行人員共二萬七千餘人，艦隊包括各類大小船舶的 60 多艘。大船長約 152 米，寬約 61 米，可容納 1000 餘人及大量物資。船上裝有羅盤、航海圖，是當時世界上最先進的遠洋航隊。

鄭和遠航是世界歷史上最早，最長的跨洋航行，開闢了西太平洋與印度洋之間的航線。它打通了由中國橫渡印度洋，到達波斯灣、阿拉伯海、紅海以及非洲東南部的航路，為後來歐洲人繞過好望角到達印度的航行開通了道路，堪稱世界遠航的先驅者。

中外交流

鄭和的遠航，不但促進了中外經濟文化交流，還增進了中國與亞洲、非洲各國的交往。

民間流傳不少有關鄭和下西洋的事跡。據說鄭和率領龐大的船隊來到滿剌加（今馬來西亞），國王看見船上豐富的糧食，問道：「請問你們能不能把糧食賣給我們？」鄭和答：「我們可以將部分糧食送給貴國。可是你們總不能經常靠買糧食度日。你們可以自己生產糧食，不用依賴別人。」國王說：「但是我們只知捕魚，不懂得耕種。」鄭和想了一會，說：「我看貴國土地肥沃，很適合種植農作物。我的將士大多是農民出身，讓我們來教貴國百姓耕種吧！」鄭和親自教導滿剌加人開墾荒地，種植稻米，為當地的農業發展作出重大貢獻。

每次下西洋，鄭和都以絲綢、茶葉、漆器、陶瓷等貨物，換回各國的寶石、珍珠、珊瑚、香料等奇珍異品。每當船隊返航時，許多國家會派使者隨船來華進貢，大大加強了中國與世界各國的聯繫。

此外，鄭和下西洋也使各地華僑的地位大為提高。中國人到南洋經商或居留者日益增多。到了明代後期，呂宋的華僑有三、四萬人，爪哇有兩、三萬人。時至今日，東南亞諸國還保存着有關鄭和的各種廟宇及遺跡，表達世世代代華僑對鄭和的崇敬和懷念。

(圖片來源：台北國立故宮博物院)

東方之珠魅力香港

你知道香港有哪些歷史遺跡嗎？

你去過西九文化區的哪些地方？

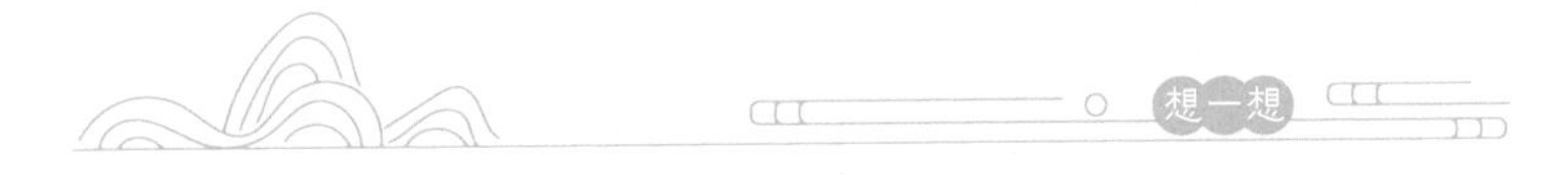

始於新石器時代

考古研究發現，6000 多年前香港就有先民活動，沿海多處曾發現新石器時代中期的遺跡。4000 多年前，香港早期居民就在海岸聚居，以漁獵為生。出土陶器有炊煮器和盛食器，以彩繪或細繩紋裝飾。器型及紋飾均與深圳、中山、東莞、珠海及澳門等地發現的文物大致相同。

約公元前 1500 年，先民開始使用青銅器，出土了刀、箭鏃和戈等青銅兵器。在赤鱲角、大嶼山，以及南丫島等地出土的青銅器石範，證明香港曾鑄造青銅器。

這些生長在香港的早期居民，就是古籍中提到的「百越人」。他們生活在中國東南沿海地區，也稱「越人」，後來漸漸改成「粵」。今天廣東省的簡稱也是「粵」。

自秦漢時期統一百越地區之後，在香港也不斷發現遺跡和文物。比如李鄭屋東漢古墓、宋皇臺石刻、大廟灣天后廟的宋代碑刻、米埔等地出土的宋代錢幣、石壁等地發掘的宋代青瓷、大嶼山出土的明代用於外銷的青花瓷、東龍洲清代炮台、九龍寨城等。

香港的歷史悠久，並與整個中華民族的繁衍生息，始終血脈相連。

東方之珠

維多利亞港港闊水深，周圍羣山環繞，是停泊船隻的理想港口，因此成為世界三大天然良港。十八世紀中後期，中英貿易逐漸頻繁，但英國不滿清朝長期貿易順差，於是向清朝販賣鴉片。鴉片貿易蓬勃，形勢逆轉，使銀元大量外流。人們長期服食鴉片，會導致涕淚交橫，手腳顫抖無力，骨瘦如柴，精神萎靡，停食則癮起，不得不去吸食，最後致人死亡。林則徐上書道光帝，若任由鴉片氾濫，則中華民族必面臨滅亡之危。其後，林則徐到達廣東，發佈道光帝聖旨，執行一系列嚴厲禁煙措施。1839 年 6 月 3 日，他下令在虎門海灘當眾銷毀鴉片，歷時 23 天，銷毀鴉片約 2 百萬斤。虎門銷煙的勝利，卻成為第一次鴉片戰爭的導火線。清朝戰敗，香港被迫割讓給英國。至 1997 年 7 月 1 日，香港才得以回歸中國。

回歸以來，「一國兩制」讓香港背靠祖國，聯通世界，經濟持續發展，也成功應對各種挑戰，如 1997 年亞洲金融風暴，2003 年「沙士」(SARS)，以及肆虐全球近三年的新冠病毒疫情。回歸二十多年，新落成的西九文化區是全球規模最大的文化項目之一。2019 年戲曲中心開幕，2020 年「城市綠洲」藝術公園啟用，2021 年當代視覺文化博物館「M+」開幕，2022 年香港故宮文化博物館對外開放。2023 年，香港將陸續舉辦大型盛事和各類活動，包括體育比賽、大型展覽、國際級論壇及峯會等，讓市民與全球旅客共享「東方之珠」的魅力。

2023 年，香港特區政府公佈《香港創新科技發展藍圖》，佈局未來五至十年香港創科發展路徑。聚全球優秀人才扎根香港，也為香港下一代謀求新的發展方向。

香港，始終散發着無盡的活力和風采。

活力創新築夢灣區

你知道開平碉樓有甚麼特色嗎？

年青人應該怎樣把握大灣區的機遇？

同根同源

粵港澳三地文化同源，方言和民俗相近，人們更容易產生共鳴。

三地語言「同聲同氣」，都講粵語方言。漢武帝派北方的官員到廣信（今肇慶市封開縣）管治嶺南，南北語言開始融合，形成粵語的雛形。唐朝，嶺南原住民多數已被漢化，粵語進一步受唐代中原漢語影響。宋朝時，戰亂使北方中原人大量南遷，再次拉近粵語和中原漢語的差別。所以，我們現在說的粵語，其實很像唐宋時期的語言呢。

三地文化同根同源，都是嶺南文化。廣東是海上貿易和移民出洋最早、最多的地區。漢武帝時期的廣信就是嶺南早期的商貿重鎮。廣信是「初開粵地，宜廣佈恩信」之意。漢武帝派使者從徐聞、合浦出發，開通海上絲綢之路，以絲綢、瓷器等購回明珠、璧琉璃、奇石等海外奇珍。

僑鄉文化，是嶺南文化的重要部分，反映海納百川、中西共融的開放心態。2007 年列入世界遺產名錄的「開平碉樓與村落」就是很好的體現。碉樓是兼具居住和防禦功能的多層塔樓式建築，建築風格體現中西合璧：既有中國傳統的硬山頂式、懸山頂式，也有西方的希臘式、羅馬式、拜占庭式、巴洛克式等。許多建築材料都是從世界各地運回，每棟碉樓都可說是一座環球建材博物館呢！你發現了嗎？香港其實也有很多中西合璧的建築，比如香港立法會大樓、雷生春等。

香山文化，也是嶺南文化的重要代表，體現積極進取、博愛包容的品格。自明清以來，出現許多舉足輕重的人物，如偉大的民族英雄孫中山、近代啟蒙思想家、《盛世危言》作者鄭觀應、著名教育家和外交家容閎、民國第一任內閣總理唐紹儀、中國近代著名實業家唐廷樞、中國現代音樂之父蕭友梅等。

百年機遇，大有可為

國家於 2019 年 2 月 18 日正式公佈《粵港澳大灣區發展規劃綱要》。粵港澳大灣區（大灣區）包括香港和澳門兩個特別行政區，以及廣東省廣州、深圳、珠海、佛山、惠州、東莞、中山、江門、肇慶九座城市。總面積約 5.6 萬平方公里，

2020 年總人口已超過 8600 萬。大灣區建設是國家重大發展戰略，目標是建設宜居、宜業、宜遊的國際一流灣區。

香港擁有「一國兩制」的制度優勢，同時也是國際金融、航運、貿易中心和航空樞紐。作為大灣區內高度開放和國際化的城市，香港擔當重要角色：一方面支持區內經濟發展，加強城市互聯互通，提升大灣區在國家發展中的角色和功能；另一方面，香港未來將建成國際科技創新中心，促進香港優勢產業在大灣區落地。

作為香港的新一代，要善用香港國際視野優勢，主動融入國家發展大局。把握就學與培訓機會，多參與認識大灣區的活動，比如工作體驗計劃或實習，了解自己感興趣的行業發展。在國家提供的重大機遇中，積極開拓，努力進取，實現自己的人生理想。

北斗衛星智慧導航

你知道甚麼是「雙星定位」嗎？

你可以舉一個北斗衛星系統的應用例子嗎？

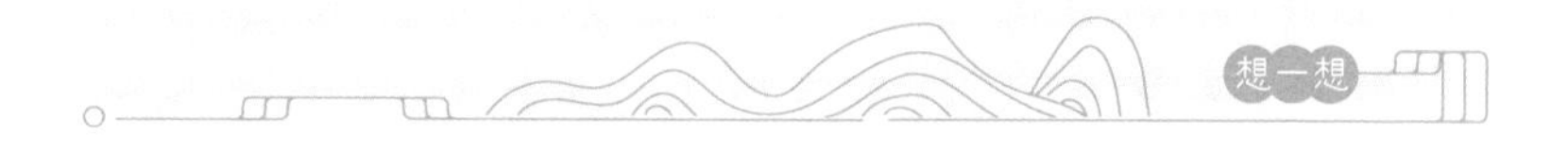

北斗衛星，導航全球

陳芳允，是北斗衛星系統的創造者，也是中國衛星測控技術的開創者。他十八歲以優異成績考入清華大學機械系，但很快決定改學物理。1945 年赴英國留學，參與英國第一套海洋雷達的研製。1948 年，他帶着卓越的電子工程造詣回到祖國，在 1983 年提出一個極具創造性的科學設想：「雙星定位」。只需主控站、兩顆衛星、用戶站即可實現導航定位功能，同時實現短報文功能，以最少衛星、最低投入、最短周期，建成中國的衛星導航系統。

1994 年，在他的設想基礎上，啟動北斗一號系統工程建設。2020 年建成北斗三號系統後，共有 55 顆衛星在天上努力工作。

它能夠為全球提供基本導航，包括定位、測速、授時、全球短報文通信、國際搜救服務、應急通信服務等。中國自主研發建設北斗導航衛星系統，降低對西方的技術依賴，保障了國家安全。此外，2015 年中國啟動「數字絲綢之路」計劃，推動「一帶一路」建設和發展，北斗衛星系統也是其關鍵部分。

古時人們依靠北斗七星判斷方向和季節，它們圍繞北極星自東向西轉，古代星象學家把它叫做「斗轉星移」。夜間只要認清北極星，就能找到北方，北斗衛星導航系統也因此得名。陳芳允寫過一首詩：「人生路必曲，仍須立我志。竭誠為國興，努力不為私。」這既是中國科學家的人生寫照，更是為年輕人指路的北斗星。

科技成就未來

北斗衛星導航系統，原來與我們的生活息息相關呢！

衛星導航有幾百種應用，幾乎覆蓋現代社會生活的方方面面。全球衛星導航的信號每時每刻從天而降，無論何時何地，都能進行定位和導航。無論是一輛大卡車，還是一隻螞蟻；無論是一個人，還是一個機器人，都能享受衛星導航帶來的好處。

舉個有趣的例子吧！在茫茫無際的大草原放牧，是一件苦差事，牧羊人要跟着羊羣不斷跑。但是北斗衛星系統可以幫上忙。只要在每隻羊的耳朵上，安裝一個含有北斗終端的小裝置，讓牧羊人隨時在電腦上掌握每隻羊的準確位置。這個小裝置用太陽能供電，可以發出一些提示的聲音，比如牧羊人的吆喝聲。若發現獨自離羣的羊，通過向這隻羊播放聲音，就能讓它按照主人的指示回到羊羣中。這樣想來，牧羊人足不出戶，就可以在家裏一邊喝着馬奶酒，一邊牧羊了。

地圖算得上是最常見的導航應用程式。2020 年，高德地圖新增了 AR 導航功能。進入軟件實景導航頁面後，手機顯示屏會出現實景路線指引，實時引導司機如何駕駛，包括車道指引線、轉彎指引線，並顯示車速、與前車的距離、碰撞預警、行人預警、綠燈提示停車和開車等。

北斗衛星導航系統已於交通運輸、公共安全、救災減災、農林牧漁、金融、通信等領域和行業服務，不斷優化和便利人們的生活。未來，期待日新月異的科技建設更加美好的智慧生活吧。

第三章

欲與天公試比高

中華醫藥顯神通

你知道《本草綱目》是甚麼書嗎？

你知道世界上最早發明外科麻醉藥的名醫是誰嗎？

藥王李時珍

李時珍是明代傑出的醫學家，被尊為「藥王」。

他從小就立下懸壺濟世的宏願，二十歲便開始行醫。在行醫過程中，李時珍發現古代一些本草藥書，記載的草藥謬誤甚多。於是決意自己撰寫一部醫藥書，讓從事醫學工作的人更清楚認識藥物和藥理。父親知道後，極力反對說：「這是一項艱巨的工作，你要花費大量的人力、物力和時間重新查證，憑你一個人的力量是無法完成的。」李時珍卻矢志不移，開始漫長的編寫工作。

李時珍花了 27 年時間才完成《本草綱目》的初稿。其後數年，他又作出三次修改和重編，至 1596 年才正式刊印，前後共用了 40 多年。全書共 52 卷，190 多萬字，收錄動物、植物和礦物等中藥 1892 種，繪圖 1160 幅，醫方 11096 張。

《本草綱目》共有60多種版本，傳到日本、朝鮮、越南，甚至歐洲，先後被翻譯成日、法、德、英、俄、拉丁等多種文字。它是醫學研究的重要參考資料，被世人譽為「東方醫學巨典」。十九世紀著名的英國生物學家、進化學之父達爾文，更稱它為「中國的百科全書」。

外科始祖華佗

華佗是東漢後期著名的醫生，被尊稱為「外科始祖」。

最膾炙人口的是他為關羽刮骨療傷一事。關羽在交戰中，右臂中了敵軍的毒箭。華佗檢查傷口後說道：「毒箭已經穿入骨頭，需要盡快醫治，否則右臂會殘廢。」關羽問：「那該怎麼辦？」華佗回答：「用刀割開皮肉，刮去骨上的箭毒，敷上藥膏，以線縫合。只是，手術過程會很痛。」關羽笑說：「我連死都不怕，還會怕痛嗎？請您下刀吧！」於是，華佗依法醫治，關羽則談笑自若地下棋。華佗把箭毒全部刮走，關羽的箭傷亦得以治癒。

華佗生於戰事頻繁的時代，目睹生靈塗炭，於是立志要成為一個名醫，為百姓醫治病痛。但有時候需要把病人身上受傷的部分剖開才可以治療。病人聽後往往非常害怕，拒絕醫治。華佗想：「怎麼才能使病人在開刀時，感覺不到疼痛呢？」後來他發現一些中藥有麻醉作用，於是研製成「麻沸散」。每次施行外科手術之前，先讓病人服用，以減輕痛楚。

華佗研製的麻沸散，不僅在中國醫學史上是空前的發明，而且對比西方的麻醉藥也早了 1000 多年，可惜未能流傳下來。

百科全書《天工開物》

你知道《天工開物》包含了哪些生產技術嗎？
你想成為宋應星這樣偉大的科學家嗎？

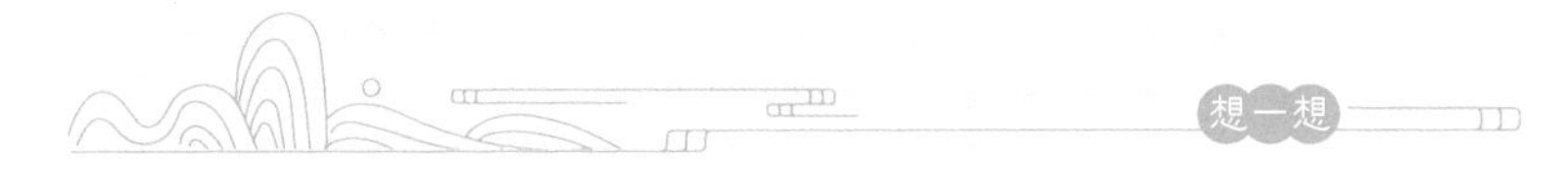

科學巨著，世界廣傳

明代宋應星所著的《天工開物》，被譽為「中國十七世紀的工藝百科全書」，也是世界上第一部關於農業和手工業生產的綜合性著作。

「天工」取自《尚書》中「天工人其代之」，意思是說人們用自己的聰明才智和精湛技藝，可以造出超越天然形成的精美物品。「開物」取自《易經》的「開物成務」，是說人們若能通曉萬物的道理，掌握事物的規律，並順應行事，就會成功。所以《天工開物》這本書，是告訴人們，只要豐富自己的知識，提高工藝技能，遵循事物發展的規律，就能製造出各種巧奪天工的物品。

全書分上、中、下三卷共 18 篇，近 6 萬字，插圖 121 幅，按「貴五穀而賤金玉」之意排列各篇，收錄了農業、手工業、工業各項技術，及生物、物理、化學等學科知識。書中記載了明朝中期以前各項技術，描繪了 130 多項生產技術和工具的名稱、形狀、工序，諸如機械、磚瓦、陶瓷、硫磺、燭、紙、兵器、火藥、紡織、染色、製鹽、採煤、榨油等。

《天工開物》亦首次記載煉鋅的方法，這是古代金屬冶煉史上的重要成就，使中國成為當時世界上唯一能大規模煉鋅的國家。

在生物學方面，書內記錄了農民培育水稻、大麥新品種的事例，說明技術可以改變植物的品種特性。作者提出「土脈歷時代而異，種性隨水土而分」的觀點，推進關於生態變異的研究。

書中還有許多有趣的科技知識和工藝，令達爾文讀後非常讚賞。幾百年間，《天工開物》已成為世界科學經典著作，在中國、日本和歐美各國流傳，還有法文、德文、俄文、義大利文等摘譯本，流傳至今。

科技利民的宋應星

宋應星是明末清初傑出的農學家、博物學家。他自幼聰明強記，過目不忘，幾歲就能作詩，少年時已熟讀經史及諸子百家。萬曆四十三年（1615 年），宋應星參加鄉試，在一萬多名考生中，考取舉人。但之後京師會試，連考數次均告失敗，他便放棄仕途之路，回鄉服侍母親，並以教書維生。明朝滅亡後，他隱居不出直到終老。宋應星任江西分宜縣教諭期間，著成《天工開物》，享譽世界，但其他著作大多佚失。

宋應星把中國幾千年來的農業生產和手工業生產的知識，還有工匠的技術經驗，作了整理和歸納，編寫成書。讓這些珍貴的古代中華科技資料，能夠流傳下來。宋應星有嚴謹客觀的學術態度，用實事求是的方法考察和研究事物，對未經親自檢驗的事物和現象，決不輕易斷言。

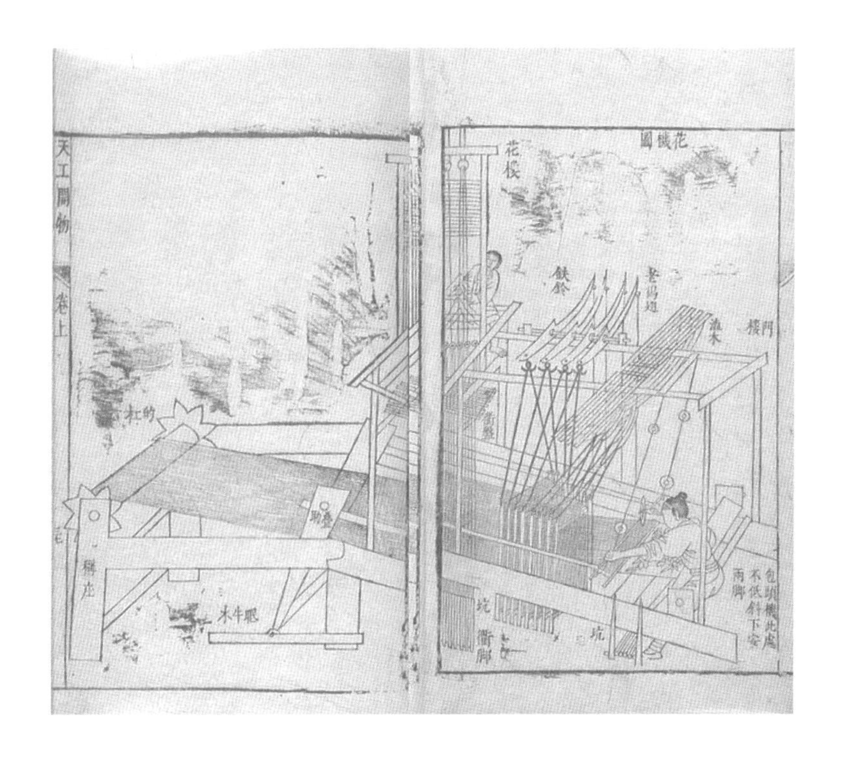

《天工開物》序言中寫了這樣一句話：「此書於功名進取，毫不相關也。」宋應星的一生，雖然沒有金榜題名，但他為後世留下了寶貴的科學財富。他看到科學知識和工藝技術對於民族和國家發展的深遠意義和重要價值，於是一生致力科學考察和研究，以科技利國利民，造福國家和百姓，走出一條與當時大多數讀書人都不同的路。

2021 年，國際天文學聯合會批准中國將嫦娥五號降落點附近的月球環形坑命名為「宋應星」。從此他的名字，長留宇宙間。

青銅藝術燦古爍今

你知道「一言九鼎」、「問鼎中原」中的「鼎」是指甚麼嗎？
你能說說青銅銘文的價值嗎？

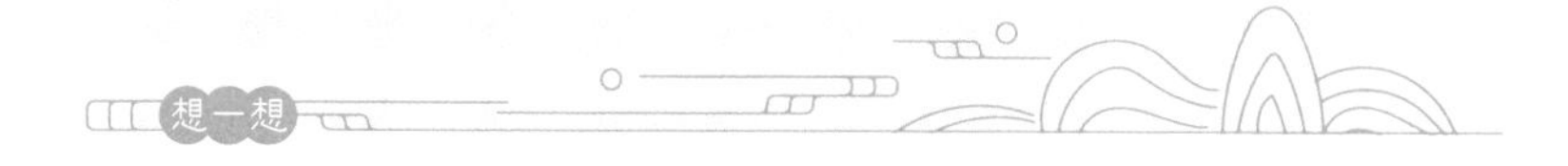

楚莊王問鼎中原

在中國文物的寶藏中，種類繁多的青銅器是一顆耀眼奪目的明珠。在眾多青銅器之中，最具名氣的要數「鼎」，它是古代用以烹調和盛貯肉類的器具。「九鼎」是所有青銅器中，最能代表至高無上權力的器物，只有天子才可以使用。

春秋時代的楚莊王，有一次率領大軍路過東周的都城洛邑（今河南省洛陽市），周定王派足智多謀的王孫滿前去慰勞。楚莊王向王孫滿詢問九鼎的輕重大小，王孫滿知道楚王是想奪取天下，便義正詞嚴道：「你知道如何才可以得到九鼎嗎？最重要的是以『仁德』治理天下，這樣民心自然歸順。」

然後，王孫滿從九鼎的起源說起：「當年夏禹分天下為九州，鑄了九鼎，使『鼎』成為國家的象徵。後來，因為夏桀和商紂的昏庸無道，致使國家滅亡，九鼎也轉移到周王這裏。」

楚莊王被王孫滿教訓了一頓，自知理虧，於是便帶兵收隊南回，打消了問鼎中原，篡奪周室的野心。

因為九鼎的權威，所以後人也用一言九鼎來比喻人們說的一句話能抵得上九鼎的重量，說明話語的分量重，能起很大作用。

青銅銘文證歷史

青銅器鑄造不易，在古代是很珍貴的器具，多用於祭祀等莊嚴場合。

後來，青銅器被廣泛應用，從炊食器、酒器、兵器、樂器、車馬器、農具、銅鏡到貨幣等，都是用青銅鑄造。這些青銅器不僅實用，造型設計更是變化多端，生動有趣，充滿藝術的想像。例如：古代有許多動物形的酒器，叫做「尊」，它們或像鴨，或像牛，或像犀牛，或像羊，各式各樣，多姿多彩。

除此之外，由於青銅器不易損壞，因此青銅器上的銘文，為我們保留了許多珍貴的歷史文獻。例如利簋，是至今發現最早的西周青銅器。它的內壁銘文明確記載了武王伐紂發生在甲子日清晨。這為準確劃分商周兩個朝代，提供了重要的年代依據。

（圖片來源：台北國立故宮博物院）

烈火烘爐盛美陶瓷

你知道中國為甚麼叫 China 嗎？

你知道紫砂茶壺和唐三彩是用甚麼材料做的嗎？

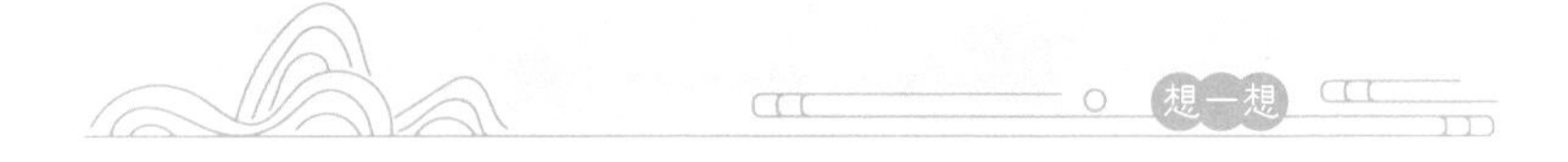

瓷都景德鎮

China 原意是指「瓷器」。中國的瓷器製品傳遍歐亞大陸，聞名世界。China 就成了中國的英譯專名。

中國瓷器歷史悠久，是中華民族藝術結晶的代表之一。絢麗多姿的瓷器吸引了無數人的喜愛，讓中國瓷藝享譽世界。

景德鎮是中國著名的瓷器生產基地，被譽為「瓷都」。景德鎮原本的名字是昌南鎮。到了宋代景德年間，宋真宗下令昌南鎮為皇宮製造御用的瓷器，瓷器底款書「景德年製」四字。自此，一傳十，十傳百，昌南鎮的瓷器名傳天下，人們也改稱此鎮為景德鎮，延用至今，已有 1000 多年的歷史了。

景德鎮的瓷器以「白如玉，明如鏡，薄如紙，聲如磬」馳名中外。歷代的瓷器除了繼承傳統的技術外，工匠更需要在技巧、釉色、造型各方面加入新元素，呈現出千變萬化的效

(圖片來源：台北國立故宮博物院)

果。景德鎮的薄胎瓷是根據北宋時期的影青瓷發展，明代萬曆年間出產了卵幕杯、流霞盞等。清代生產的薄胎瓷達到更高水準。時至今日，推陳出新的薄胎瓷，能造出「薄似蟬翼，亮如玻璃，輕若浮雲」的效果，表現出高超熟練的技藝。

千姿百態的陶器

古人憑藉陶土強大的可塑性，製造出千姿百態的陶器，形成中國獨特的陶器藝術。江蘇省宜興市有「千年陶都」之稱，其出產的紫砂、青陶、均陶、彩陶和精陶，均享譽世界。其中，紫砂茶壺被稱為泡茶妙器，泡出的茶色、香、味均比其他茶器好，而且夏暑夜宿不易變壞。一是因為紫砂材質具有優良的透氣性。二是長期以紫砂壺泡茶，在內壁會積一層「茶鏽」，能夠保留茶的香味。紫砂茶具不僅實用，而且具有藝術價值。造型別致多姿，常融入中國傳統繪畫、書法、篆刻等藝術，獨具韻味。

除了紫砂壺，彩陶也是中國陶器文化的一大特色。彩陶，是在已成型的陶器上，用彩料繪畫，然後再燒製，令色彩圖案不易脫落。唐代盛行一種釉陶，以黃、綠、白三色為主，被譽為「唐三彩」。它是雕塑藝術和製陶技術結合的產物，造型豐富，尤以動物和人物造型居多。釉彩顏色斑斕，樣式繁多，無論古今都蜚聲國際。

玉不琢，不成器

你知道和氏璧的故事嗎？

你能說說中國文化裏，君子和玉的關係嗎？

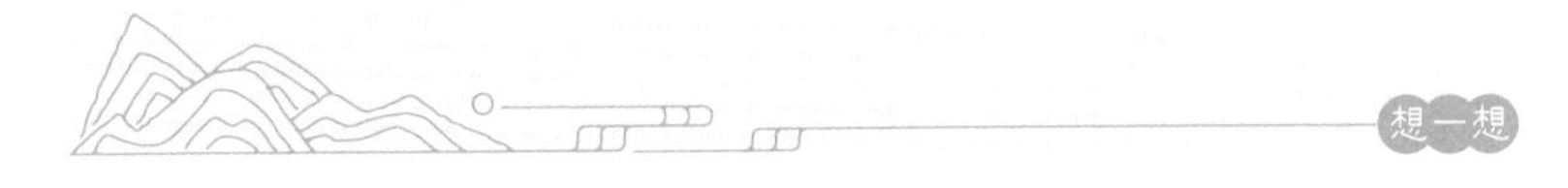

稀世奇珍和氏璧

相傳在春秋戰國時代，楚國人卞和有一天上山砍柴，發現有一隻美麗的鳳凰棲息在一塊青石上。古語說：「鳳凰無寶處不落。」卞和深信這塊青石是絕世珍寶，立即把它獻給楚厲王。厲王派玉匠鑒別真偽，玉匠看了說：「大王，這只是一塊普通的石頭。」厲王認為卞和欺君，大為震怒，就砍斷卞和的左腿。

不久，厲王去世，武王繼位，卞和又帶着那塊青石，拄着拐杖去拜見武王。可是，武王的玉匠看了，也說：「不是寶石，是石頭。」武王怒氣衝天，下令砍掉卞和的右腿。雖然失去了雙腿，卞和仍堅信自己的判斷是正確的。

後來，武王死了，文王繼位。卞和沒有了雙腿，不能進宮獻上青石，他傷心地哭了三天三夜，眼淚哭乾了，流出來的全是血。一傳十，十傳百，卞和的故事很快就傳遍了全國。

文王聽說後，派專人把卞和接到宮中，吩咐玉匠小心鑒定和琢磨這塊青石。不久，傳來玉匠的聲音：「大王，太好了，這真是一塊稀世寶玉啊！」文王為卞和的忠誠和堅定感動了，便把寶玉命名為「和氏璧」。

中國民間流傳了不少有關和氏璧的故事，如「完璧歸趙」、「始皇玉璽」等，一件玉器竟然成為眾多中國文化的典故來源，可見人們對玉情有獨鍾。

琢玉成器顯光芒

古書說：「玉，石之美也。」那麼，一塊石頭怎樣才可以成為美玉呢？古人說：「玉不琢，不成器。」一塊美玉需要經

（圖片來源：台北國立故宮博物院）

過細心的琢磨和不斷地打造，才能顯現它的光芒。不然，它只是一塊不起眼的石頭。

你希望能夠像美玉一樣受眾人的喜愛嗎？《三字經》說：「玉不琢，不成器；人不學，不知義。」人就像美玉一樣，都擁有自身的優點。只要經過不斷努力、學習和鍛煉，每個人都可以成為有用的人才，成為社會的棟樑。

除了成材之外，我們還要努力成為君子，這是儒家的理想人格。《詩經・國風・秦風・小戎》說：「言念君子，温其如玉」，意思是說，我們的品格應該像美玉一樣，温和柔潤且有光澤，待人處世也應該温和柔順。

四縱四橫高鐵網

你知道中國高鐵有哪些成就嗎？

中國為甚麼要大力發展高鐵網絡？

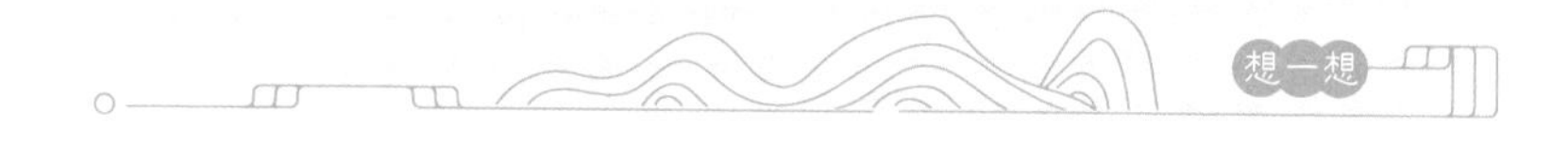

中國速度

古代中國擁有各種高超的工藝技術，蘊含中國人的智慧。現代中國同樣有許多達世界水平的建造成果，值得驕傲，比如中國高鐵。

高鐵是高速鐵路的簡稱，泛指能以每小時 200 公里以上行駛的鐵路系統。它具有很多優勢，比如耗時少、耗能低、安全性高、運行十分平穩。世界第一條高速鐵路系統是 1964 年通車的日本新幹線，時速 200 公里，這也成為高鐵初期的速度標準。從此人類進入了高鐵時代。

相比日本，中國的發展晚了近 40 年。第一條高鐵是由 1999 年開始建設，2003 年開通運營，連接秦皇島與瀋陽的秦沈客運專線，時速 200 公里。很快中國就啟動了全國大規模高鐵修建計劃，短短時間內發展迅速，成為目前世界上高鐵行業實力最強的國家，擁有全球最大規模的高鐵網路。2021年建成里程達到 2168 公里；總運營里程超過 4 萬公里，可繞地球赤道一圈。

中國也取得許多高鐵技術上的成就。起初中國並沒有相關技術，幾條高鐵線路的技術都源自外國。後來中國奮起直追，開始研發技術，並得到越來越多的新成果。「復興號」就是中國首款全自主研發的高鐵列車。

鋼軌是軌道結構的重要部件。中國高鐵採用自主研發生產的鋼軌，比進口的可節約近一半費用。但要成為高鐵軌道，經千錘百煉後，還要經受最後一道考驗：一個 1 噸重的鐵錘，從 5.2 米的高度垂直落下，連續兩次砸在鐵軌上，鐵軌沒有斷掉才算合格。鋼軌簡直是練過金鐘罩鐵布衫的武林高手。

消除鋼軌之間的接縫，使軌道變得更平順，是令高鐵行駛得更快的秘密武器。中國高鐵鋼軌焊接軌縫的誤差可控制在 0.1 毫米至 0.3 毫米之間，這可以說是一門「天衣無縫」的技術。

四縱四橫

2008 年，中國開始建設「四縱四橫」高鐵網絡。「四縱」是指北京-上海、北京-深圳（香港）、北京-哈爾濱（大連）、杭州-深圳四條線路。「四橫」是指徐州-蘭州、上海-昆明、青島－太原、上海－成都四條線路。「四縱四橫」高鐵網的建成，將成為一個重大里程碑。它連通中國各大城市，拉近城市之間的距離，讓各地可以共用優勢資源。中國幅員遼闊，地大物博。遙遠的距離會限制人員溝通和經濟往來，很多身處羣山深處的人們，沒有對外交通的途徑，導致發展落後。高鐵通車後，可以讓城市帶動經濟落後的地區，發展旅遊，輸出農產品，也讓深山的人們方便出行，大大幫助落後地區脫貧致富。

2016 年，中國提出發展「八縱八橫」高鐵網，香港西九龍站至廣州南站的廣深港高速鐵路便是其中之一段。2018 年開通香港段，將香港納入高速鐵路網絡，促進大灣區經濟繁榮，進一步提升香港的國際競爭力。2023 年 4 月 1 日起，全國共

有 66 個高鐵站可直達香港，包括北京、天津、上海、長沙、杭州、福州、廈門、貴陽、昆明、重慶、廣州、深圳、汕頭等城市。

中國高鐵還助力世界的發展。2023 年建成的雅萬高鐵是東南亞首條高速鐵路，連接印尼雅加達和萬隆，採用中國標準設計，時速可達 350 公里。這是中國高鐵技術和列車首次對外出口，也是共建「一帶一路」的標誌性項目。此後，從雅加達至萬隆將從 3 個多小時，縮短至 40 分鐘！

神舟萬里赴天宮

你知道中國載人航天工程有哪些成就嗎？

月球上真的有廣寒宮嗎？

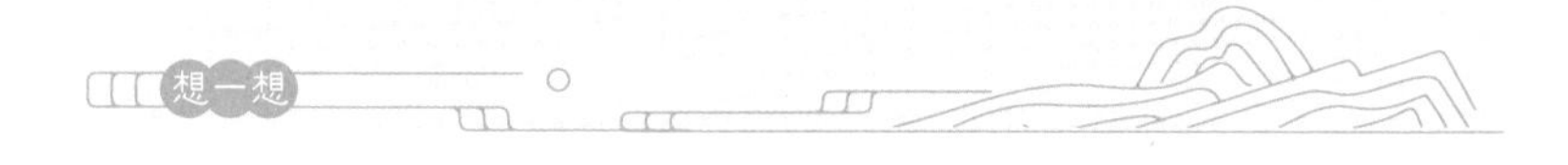

神舟飛天

你知道誰是「世界航天第一人」嗎？他叫萬戶（也名陶成道），生於明代初年。

火藥是中國四大發明。北宋時期，中國製造出人類歷史上最早的火藥箭。到了明代，萬戶認為火箭可以推動人類飛上太空，於是把 47 個自製火箭綁在自己坐的椅子上，雙手舉着大風箏，讓人點燃火箭，設想利用火箭的推力飛上天空，然後用風箏平穩降落。當然，火箭在高空爆炸了，但是萬戶勇敢探索未知世界，熱愛科學和獻身科學的精神，值得全人類紀念。1970 年，國際天文學聯合會將月球背面一個撞擊坑命名為「萬戶」。

雖然萬戶失敗了，但人類沒有停止探索太空。1961 年，前蘇聯航天員尤里・加加林乘坐東方一號飛船飛上太空，宣告人類開啟載人航天時代。1992 年，中國載人航天工程正式啟動。1999 年，神舟一號升空。2003 年，中國第一位航天員楊利偉乘坐神舟五號在太空飛行十四圈，標誌着中國成為第三個掌握載人航天技術的國家。此後中國人多次進入太空。2022 年 10 月，中國宣佈展開第四批預備航天員選拔工作，並首次在香港選拔載荷專家。2022 年底，神舟十五號搭載三位航天員順利升空，並完成建造中國空間站，也是空間站應用階段的開始，是一次承前啓後的飛行。

《博物志》記載，大海與天河相通。每年八月，都會見到一根浮木往來其間。有個人住在海邊，年年看到這根浮木。有一次，他帶上許多食物，跳上這根浮木隨波而去，一路見到星辰日月，直到天宮。這來往海天之間的浮木，可謂古代的「神舟」呢。

「神舟」是神奇的天河之舟，又是中華大地「神州」的諧音。以神舟命名中國宇宙飛船，體現從古至今中國人探索宇宙的勇氣。人類也正是因為有這顆好奇心，才會探索未知的世界，開拓更多可能。

嫦娥工程

「嫦娥奔月」的神話流傳數千年，承載了中國人對月亮的浪漫想像。2004 年，中國開始探月工程「嫦娥工程」。2007

年，嫦娥一號升空，實現中國首次繞月飛行。2013 年，中國首輛月球車玉兔號駛抵月球表面。2020 年，嫦娥五號帶着月壤回來，中國科學家首次在其中發現新礦物，並命名為「嫦娥石」，是人類在月球發現的第六種新礦物。2022 年，中國完成世界第一幅 1 ∶ 250 萬月球全月岩石類型分佈圖。仰望星空，中國人有了更多摘星取月的能力。

現在如果出版一張月球旅遊地圖，我們真的可以找到一座「廣寒宮」！2016 年，國際天文學聯合會確認，玉兔號着陸的地方被命名為「廣寒宮」，附近 3 個撞擊坑分別命名為「紫微」、「太微」、「天市」。截至 2021 年，月球上的中國地名共有 35 個。

「星河路雖遠，我有中國箭」。一代代中國科學家，用科技實現古人浪漫的想像，將神話變為現實。

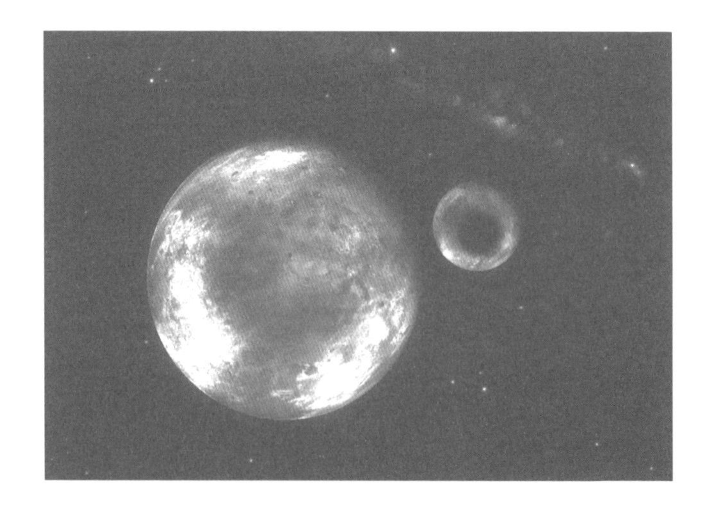

領航世界無人機

無人機在救援中可以發揮哪些作用？

你知道無人機可以應用在甚麼場景嗎？

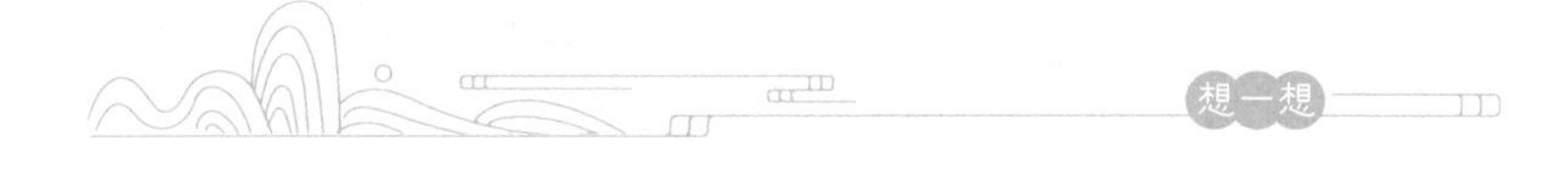

身懷絕技的無人機

無人機是無人駕駛飛行器的統稱，依靠無線電遙控設備或自身程式控制裝置操縱。中國民用無人機市場發展潛力巨大，已在地理測繪、物流運輸、農林植保、應急救援等領域不斷深入應用。

2021 年 7 月，河南發生暴雨洪災，中斷了鄭州的通信和道路交通，救援工作面臨巨大困難。中國自主研發的「翼龍-2H」應急救災型無人機馬上出動，迅速建立空中臨時基站，儘快恢復災區對外的通信聯繫。

2023 年 2 月，土耳其發生 7.8 級大地震，加上強風暴雪天氣，救援行動須爭分奪秒。中國救援隊不斷前往土耳其實行人道主義救援。來自中國的照明無人機，照亮了救援現場的夜空。它的照明範圍大、亮度高，並自帶發電機，可提供長時間的強大光源。照明無人機點亮救災現場，為救援人員爭取更多有效救援時間，給生命點亮了希望。

除了應急救援，無人機還可以提高農業生產效率。藥物噴灑是農用無人機最廣泛的應用，每小時可噴灑 40 至 60 畝，效率是人工噴灑的 40 倍以上，為農戶節省大量人力和時間成本，而且安全高效。除此之外，還可以幫助農戶播種、授粉、施肥，是現代化農業生產的好助手。

現在，無人機依託 5G、人工智能、數字化、物聯網等技術的發展，將邁進更加智能化的時代，繼續以科技造福人類。

中國國際航空航天博覽會

中國國際航空航天博覽會（China International Aviation & Aerospace Exhibition），簡稱珠海航展，是世界五大最具國際影響力航展之一。

從 1996 年第一屆開始，每兩年在珠海舉辦，到 2022 年已成功舉辦第十四屆。珠海航展集結國際航空航天業的先進科技，是一場展示世界航空航天業發展水準的盛會。航展包括實物展示、貿易洽談、學術交流和飛行表演。來自世界各地的觀眾，能夠先睹為快許多最新型的設備。而最讓人翹首以盼的是飛行表演。飛行員以高超的操控技術，駕駛最新型的飛機，做出高難度的飛行動作，讓人歎為觀止。

第十四屆航展上，中國展示了許多先進的無人機，體現世界領先的科研技術和製造能力。比如，首次公開展示的「翼龍-3」無人機可完成洲際飛行，可以掛載九種不同的武器載荷，包括空對空導彈。它甚至還能攜帶小型無人機，化身無人機空中母艦。還有「彩虹-7」隱形無人機具備出色的隱身特徵，外形設計十分科幻，機身平滑優美。雷達反射面積特別小，可以在高危作戰環境下執行偵察、警戒、探測、作戰支援等任務。

科技報國，學有所用。還有許多讓人目接不暇的無人機，它們將成為忠誠守護國家領空安全的猛將，保護我們每一個人，守好每一寸山河。

第四章

勸君今夕不須眠

正月迎春慶團圓

春節為甚麼要燃燒爆竹和貼春聯呢？

你知道元宵節為甚麼要吃湯圓嗎？

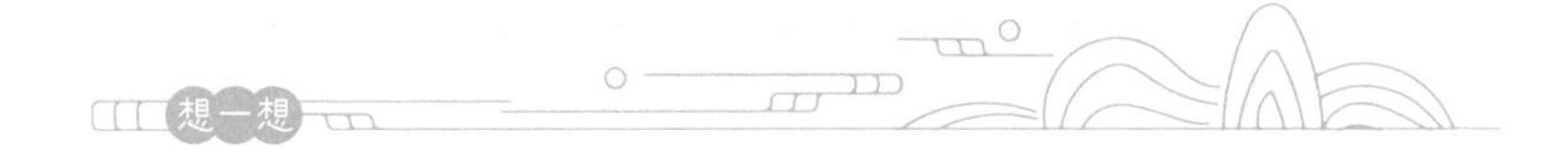

正月初一迎新歲

農曆正月初一，春節，是中國最隆重的節日，到處歡歌笑語，喜氣洋洋。宋代文學家王安石在《元日》寫道：

爆竹聲中一歲除，春風送暖入屠蘇。

千門萬戶曈曈日，總把新桃換舊符。

意思是說：春節的時候，大街小巷都傳來爆竹聲，家家戶戶都貼春聯，喝屠蘇酒，互頌吉祥，迎接新歲來臨。

相傳這些習俗與年獸有關。從前山上住了一頭兇猛的怪獸叫做「年」。每年大除夕晚上，飢餓的年便會闖入村莊，到處捕殺家畜，傷害村民。為了保護家園，村民嘗試以不同方法對抗年。人們終於發現年很害怕紅色和喧鬧的聲音。於是，除夕夜當天，人們便在門前貼上紅紙，燃燒爆竹。年聽見響亮的爆竹聲，看見耀眼的紅紙，果然嚇得全身發抖，倉皇逃回山中。到了第二天，村民十分高興，互相道賀，希望來年人人平安，事事順利。村民亦將這習俗延續下來，代代相傳。

其實「年」的真正意思是指穀物成熟。甲骨文的「年」字，是由「禾」和「千」組成，有穀物纍纍和果實豐收之意。中華民族以農立國，農業對平民百姓與國家來說，都十分重要。農民經過春耕、夏耘、秋收、冬藏的辛勞後，便會準備佳餚，與家人共聚一堂，慶祝過去一年的收穫和新一年的到來。漸漸，這一天成為全年最歡樂的日子和最隆重的節日。

元宵賞燈吃湯圓

漢代的掛燈習俗，歷代相傳，成為了元宵節最主要的活動。「燈節」也成為元宵節的俗稱。南宋詞人辛棄疾在《青玉案・元夕》中，描寫了元宵節的熱鬧景象，展現元宵節之夜絢麗多彩的燈火及遊人的歡樂情態：

> 東風夜放花千樹。更吹落，星如雨。寶馬雕車香滿路。
> 鳳簫聲動，玉壺光轉，一夜魚龍舞。

除了猜燈謎、賞花燈，湯圓更是元宵應節食品的主角。中國人相信滿月象徵團圓美好，正月十五日是一年中第一個月滿之夜，當然被視為吉日。圓圓的湯圓，就如正月十五日的月亮，又大又圓。因此，每逢元宵佳節，各家各戶都會聚在一起搓湯圓或買湯圓來吃，象徵家人團圓歡樂。

在中國的傳統習俗裏，春節要過了正月十五元宵夜才算完結，所以元宵節又稱「小過年」。

春秋二祭憶先人

你知道「清明」二字的原意嗎？
為甚麼重陽節又稱為「菊花節」，
而菊花酒又稱「延壽客」呢？

從清明到慎終追遠

根據中國節令計算，春分後 15 天是清明節，又叫踏青節，是中國最重要的祭祀節日之一。

其實，清明最初只是代表農耕的節令。農曆二三月，春風送暖，雨水滋潤，萬物生長，呈現生機勃勃、清淨明麗的景象。清明是農業生產非常關鍵的時刻。諺語說：「清明前後，種瓜點豆。」又說：「植樹造林，莫過清明。」每年清明時節，農夫便開始春耕的工作，忙於耕地播種，祈盼得到豐足的收成。

清明祭祖掃墓的由來，與寒食節有關。寒食節在清明的前一二天，是祭祀的日子。

寒食節與介子推有關。相傳春秋時期，介子推跟隨晉國公子重耳流亡在外。有一天，他們被困山中，糧絕無援。介子推決定割下自己的大腿肉煮給重耳充飢。重耳回國後即位為晉文公，為報答介子推的恩德，重耳有意封賞他。但介子推不願接受任何賞賜，只願回家侍奉年老的母親。介子推與母親隱居林野之中，晉文公為了讓他現身，下令放火燒山，結果燒死介子推。晉文公悔不當初，遂下令這天禁止生火，以作紀念，即為寒食節。

時至今日，寒食節的氣氛已經完全淡化，清明節則保留了掃墓祭祖的習俗。

重視孝道，是中國傳統的倫理道德，人們不論是對在生的長輩或已逝世的先人，都表現出孝順之意。古時，父母逝世，子女要守孝三年。隨着社會的發展，這種禮俗已淡化了。但慎終追遠的情懷仍然存在，每年清明節，孝子賢孫都上山掃墓，祭祀祖先，寄託對先人的懷念。

賞菊登高倍思親

農曆九月初九是重陽節，又稱「菊花節」。九月是菊花盛開的季節，賞菊就成為重陽節的習俗。菊花經霜耐寒，古人把它看作長壽吉祥之物。人們以菊花釀酒，希望飲下菊花酒後，可以延年益壽，春秋常健。因此，菊花酒又被稱為「延壽客」。

重陽登高遊覽，亦是賞心樂事。唐代詩人王維在《九月九日憶山東兄弟》寫道：

獨在異鄉為異客，每逢佳節倍思親。

遙知兄弟登高處，遍插茱萸少一人。

古人喜歡佩帶茱萸，它的氣味可驅逐蚊蟲，被稱為「辟邪翁」。詩人身在異鄉，適逢重陽佳節，憶起與家人佩戴茱萸登高的往事，倍增思親之情。1989 年，中國內地將重陽節正式定為敬老日，將中華民族尊老敬老的傳統美德傳承下去。

糉子龍舟度端午

你知道端午節與屈原有甚麼關係嗎？

你知道為了避瘟驅毒，端午節有哪些習俗嗎？

屈原與端午節

在民間，有這樣一首歌謠：

五月五，是端陽。門插艾，香滿堂。

吃糉子，灑白糖，龍船下水喜洋洋。

這首民謠描寫了端午節，家家戶戶插艾掛蒲、吃糉子和划龍舟的熱鬧景象。長期以來，這些端午節習俗源於何時，眾說紛紜，至今尚無定論。但民間流傳最廣的是紀念愛國詩人屈原。

屈原是戰國時代楚國一位忠心正直的臣子。他曾經多次向楚王進言，希望楚國能變法圖強，防止野心勃勃的秦國入侵。可是，楚王誤信奸臣的話，不但疏離屈原，更將他放逐。不久，秦兵攻破楚國的京城，屈原預感國家即將滅亡，理想難以實現，決心以死殉志。

楚國百姓聞訊後，紛紛趕到汨羅江邊，哭叫之聲響徹雲霄。老百姓為了保護屈原，於是在江上划龍舟、敲鑼打鼓，希望嚇住水中魚蝦；並把食物投到江中，不讓魚蝦吃掉屈原的身體。這便是後來端午節划龍舟和吃糉子的來源了。

避瘟驅毒安度端午

古時候，吃糉子還可以玩遊戲：看誰解下的糉葉最長，又解得最快，誰就是優勝者。因此，端午節又俗稱「解糉節」。唐代的時候，朝廷更舉行射糉比賽，將糉子放在桌上，看看誰可以射中最多糉子。

划龍舟是端午傳統的節日習俗，現在已演變成運動項目。每逢端午節，香港會舉辦國際龍舟邀請賽，邀請世界各地的健兒參與，陣容鼎盛。划龍舟不但可以鍛煉身體，更可以訓練團隊精神。競賽時，健兒們要隨着鼓聲的節奏，齊心合力地朝着終點划行，角逐錦標。

其實，避瘟驅毒是端午節自古以來的核心。人們會將菖蒲、蒿草、艾葉插於門楣，懸於堂中，認為能夠驅毒除瘟。此外，人們還會佩戴裝有蒼朮、藿香、吳茱萸、艾葉、肉桂等祛風驅寒藥材的香囊，意為避除穢惡之氣。由於端午前後，天氣濕熱，多病毒疫疾，因此人們見面不應說「端午快樂」，而應互相祝願「端午安康」。

2006 年，端午節列入首批國家級非物質文化遺產名錄，並於 2009 年，被聯合國教科文組織正式批准列入《人類非物質文化遺產代表作名錄》。

月到中秋分外圓

你知道中秋節有甚麼習俗嗎？

為甚麼中秋節我們會吃月餅呢？

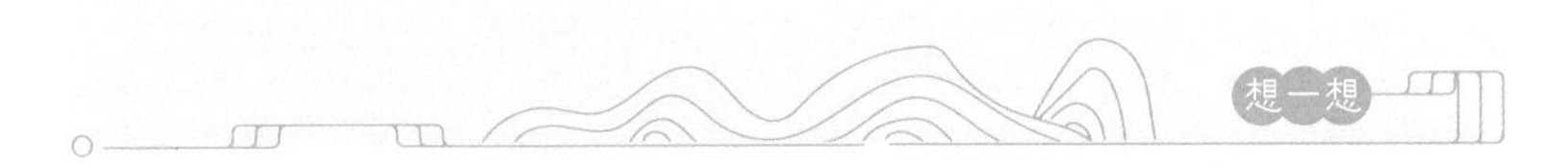

八月十五追月問天

八月十五處於秋季的正中，「中秋」因此得名。古人觀察到「月到中秋分外圓」的自然現象，所以在中秋前後有祭月和拜月的活動。後來漸漸演化成賞月的節日。辛棄疾的《木蘭花慢・可憐今夕月》寫道：

> 可憐今夕月，向何處，去悠悠？是別有人間，那邊才見，光影東頭？是天外，空汗漫，但長風浩浩送中秋？飛鏡無根誰繫？姮娥不嫁誰留？
>
> 謂經海底問無由，恍惚使人愁。怕萬里長鯨，縱橫觸破，玉殿瓊樓。蝦蟆故堪浴水，問云何玉兔解沉浮？若道都齊無恙，云何漸漸如鉤？

這可謂古代最有科學味道的一首詞。月亮是不是在這邊沉下去，就從那邊升起來？它又為甚麼能懸空不掉下來？沉到海裏，不會碰壞它嗎？為甚麼圓月又會逐漸變成一道彎月？是誰留住了嫦娥不讓她嫁到人間？蛤蟆原本熟悉水性，那玉兔為何也能在海中浮潛？一連串的發問，思緒翩躚，從神話到科學，甚至涉及到月亮繞地球公轉這一自然現象。這雖是現代的科學常識，但早在南宋的辛棄疾，能夠寫於筆下，可謂神悟了。

千里共嬋娟

中國各地乃至海外唐人街，均沿襲了慶祝中秋的習俗，但各地的慶祝活動都不同，比如香港的大坑舞火龍；安徽績溪也有舞火龍，鑼鼓隊同行，穿街過巷最後送入河中；四川一帶則在柚子上插滿燃香，沿街舞動，名喚「舞流星香球」；廣東《乳源縣誌》亦記載提燈風俗，有紅柚皮雕的柚燈，素馨花做的花燈。

說到中秋的應節食品，月餅自然是主角。《夢粱錄》記有「月餅」一詞，但吃月餅慶團圓的習俗，在明代《西湖遊覽志餘》才有：「八月十五日謂之中秋，民間以月餅相遺，取團圓之意。」後來，中秋節吃月餅漸成習俗。時光推移，月餅與各地飲食習俗相融合，發展出廣式、京式、蘇式、潮式、滇式等口味。

「月圓人亦圓」，趁明月分外圓滿之夜，闔家邊賞月，邊品嚐節慶食物，樂聚天倫，體現中國人最重視的倫理親情。因此月圓也成為闔家團圓的象徵。蘇軾筆下「但願人長久，千里共嬋娟」，是我們每個中國人的共同願望。

木偶皮影展魅力

為甚麼皮影戲會在民間盛行呢？

皮影是用甚麼材料製成的？

逼真有趣木偶戲

中國木偶戲的歷史悠久，一般認為周代已經出現，它是以木偶為媒介，以歌舞演故事。古時候也被稱為「傀儡戲」。到宋朝戲曲藝術成型時，木偶戲也進入鼎盛時期。木偶表演形式多種多樣，如布袋木偶戲、杖頭木偶戲、提線木偶戲等。

布袋木偶戲：操縱者以食指伸進木偶頭顱，中指、拇指操控木偶左右手，讓木偶靈活自如地做出各種動作，如換衣服、打開扇子、翻窗過戶等。

杖頭木偶戲：操縱者以一根與頭相連的長桿，和兩根連接木偶雙手的長桿操控。木偶頭部以木雕成，清代發展為內藏機關，讓口部和眼睛都可以活動。

提線木偶戲：又稱為「懸絲傀儡」，通常用八條線來操縱。福建泉州的提線木偶是一門歷史悠久的傳統藝術，木偶形象製作精美，現有臉譜達300多種。

木偶戲的特點是透過虛擬、幻想、誇張等手法演出，表演脫衣、縮頸、脫帽、揮扇、斟酒等生活細節，既逼真又有趣。演出木偶戲之前，幕後演員要先了解戲中人物角色的背景和性格，才能夠以適當的語言、動作和感情操縱木偶表演，用雙手演活無生命的木偶，博得觀眾的笑聲和掌聲。

設帳借光皮影戲

影戲，是利用影子和光影效果來表演的戲劇。中國的影戲，分為手影戲、紙影戲和皮影戲三大類，其中皮影戲是中國影戲的主要表演形式。

皮影戲是融會操縱技巧、音樂、繪畫、雕刻、聲響、光影和故事於一體的民間藝術，以不同的獸皮雕鏤成人物和動物形體的平面圖像，藉燈光投影在布幕上表演故事。藝人用木板搭建一副木框，框上掛起布幕作為「影窗」，利用燈光投射在布幕上，藝人一邊操縱影偶，一邊配合音樂演唱。

由於皮影戲通過光影投射，所以它不受舞台客觀條件的限制。影戲中的襯景和舞台的佈景豐富多姿，有金鑾寶殿、亭台樓閣、茶館酒家、花卉山石、飛禽走獸等。藝人依照戲劇情節，表演各種人物的動作，如馬上擒人、刀起頭落、脫袍穿衣、舞刀揮劍等，令人拍案叫絕。

明清以後，皮影戲傳至南亞、歐洲及非洲等地，是中國最早傳至西方的表演藝術之一。現在，為尋求新發展空間，皮影藝術已經從地方戲曲向兒童表演藝術轉化，題材以神話和寓言故事為主。

棋局千變盤盤新

你知道圍棋的棋子是甚麼顏色的嗎？

如何才能夠成為圍棋高手呢？

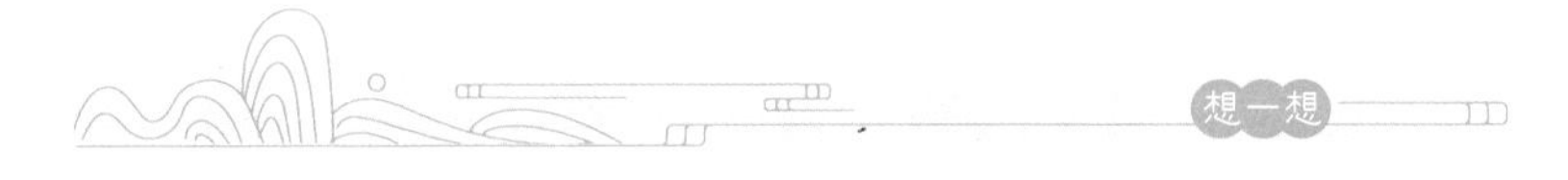

御賜勝棋樓

圍棋，中國古代稱之為「弈」，它是雙方輪流投子，在棋盤上互爭地域的一種盤局遊戲。古時候，不論平民百姓或帝王將相，都愛好這項遊戲，民間流傳着不少有關圍棋的趣聞。

據說明太祖朱元璋很喜歡下圍棋。一次，太祖在南京西門外莫愁湖畔設下棋局，召喚大臣徐達對弈。君臣兩人，你一子，我一子，較量起來。過了一會兒，太祖似乎略佔優勢，但這時徐達卻久久不肯下子。太祖問道：「你為何舉棋不定？」徐達恭敬地說：「陛下，這局棋看來是和局。」太祖說：「勝負尚未分曉，繼續吧！」徐達用手指着棋盤上一點，說：「陛下，請看一看。」太祖一看，嚇了一跳。原來，徐達只要再下一子，自己便會全軍覆沒。太祖立刻面露慍色，徐達連忙跪下，說：「萬歲，請再細看臣的棋局。」俯身細看，只見棋盤上呈現了「萬歲」二字！太祖頓時龍顏大悅，就把這座弈棋的樓房賜給徐達，取名為「勝棋樓」。

專心一意成高手

《博物志》記載「堯造圍棋，以教子丹朱。」以此推算，圍棋已有數千年歷史。圍棋盤最初分別有十一道、十三道、十五道和十七道，發展至今日的十九道。漢代，人們用木頭做成方形棋子。後來，才改用小石子做棋子，改為圓形。現代圍棋，規定黑棋先走，白棋後走。但古代棋制剛好相反，規定白先黑後。

棋盤大致可分為左上角、左下角、右上角、右下角、上邊、下邊、左邊、右邊和中腹九個部分。下棋的時候，雙方各執黑色或白色棋子，以吃了多少決勝負。

隨着圍棋活動的流行，歷代出現一些棋藝傑出的人，如唐代的王積薪、宋代的劉仲甫、清代的黃龍士、范西屏、施襄夏等等。

春秋戰國時期，一位棋術高手弈秋，曾收過兩名學生為徒。二人性格截然不同：一個誠心學藝，專心聆聽弈秋的指導；另一個常常心不在焉，四處張望，盼望大鳥鴻鵠飛來，要用弓箭射擊。結果，前者學有所成，後者始終未能領悟棋藝的精髓。可見學棋要專心。這種專心致志的學習精神，不僅是學習圍棋的必要條件，也是追求學問不可或缺的條件呢。

（圖片來源：台北國立故宮博物院）

雜技表演多姿彩

你知道雜技表演有哪些種類嗎？

雜技有甚麼吸引人之處呢？

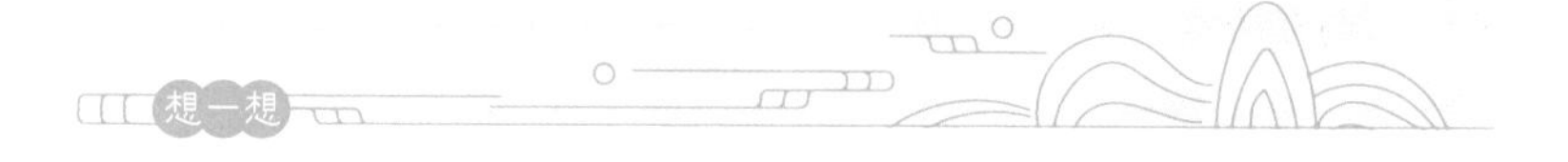

繩技與幻術

雜技，古稱百戲，廣泛流行於民間。雜技的內容多姿多彩，包括手技、頂技、蹬技、繩技等。

繩技，古代稱為高絚，現代稱為走索或走鋼絲。漢代的時候，繩技是比較著名和流行的技藝，深受百姓的喜愛。

魔術，古稱幻術或戲法，是古代雜技遊藝中的一項重要內容。古代幻術大致可以分為兩種類型，一類是手法幻術，即表演者憑着雙手的靈敏動作，無中生有，或由此物變出彼物。相傳漢末有位方士左慈，他和曹操一起用膳的時候，表演了「空竿釣魚」的幻術。他用竹竿掛上魚餌，從空盆子中釣出數條三尺長的魚兒。他的幻術表演，令多疑的曹操大驚。正當曹操要把他殺掉之際，他再次施展幻術，以障眼法逃去無蹤。另一類是以吞刀、吐火、吃針、穿心、斷舌為主的驚人幻術，往往令觀眾看得目瞪口呆。

古代的幻術與民間信仰有密切關係，不少人利用幻術製造種種「奇跡」，宣揚神法仙術，招攬信徒。今天，魔術已經脫離了宗教背景，推陳出新。表演者着重以嶄新的道具和精巧的舞台佈置，為觀眾帶來歡樂。

運用肢體語言

雜技藝術涉及多方面的科學技術。例如，繩技就運用了力學原理，表演者要在動蕩不定的繩子上取得平衡，才能完

成表演項目。因此對雜技表演者來說，研究力學的槓桿原理、重心、平衡等，都是非常重要的課題。

雜技藝術運用人類共通的肢體語言，因此也成為各國文化交流的媒介之一。古代中國，朝廷會以雜技表演招待外國使者；而西域各國、印度、東羅馬及南亞等國家，也曾經委派雜技藝人為使者，藉以與中國建立邦交。雜技中的一些幻術如吞刀、吐火、斷舌等，也是由西域傳入中原。

今天，中國雜技已廣泛於各種國際雜技比賽中登場，如法國巴黎未來賽和明日賽、蒙特卡洛世界雜技比賽、比利時的希望之路雜技賽等，與西方雜技一較高低，並獲獎無數。兩者透過比賽和交流會，互相取長補短，使雜技藝術不斷進步，攀上一個又一個高峯。

北京奧運歡迎你

你知道奧林匹克運動會的理念與中華文化
有甚麼相同之處嗎？
你知道北京冬奧會有哪些高科技設施嗎？

奧林匹克運動會與「和」

十八世紀，奧林匹亞遺址自重見天日以來，隨着不斷深入考古挖掘，大眾對古希臘奧運會產生了極大興趣。現代奧林匹克之父皮耶・德・古柏坦想讓人們學習體育精神，於是呼籲復興奧林匹克運動會。

1894 年 6 月 23 日，在巴黎召開的國際體育會議上，古柏坦發起成立國際奧委會，親自設計了奧運會會徽和奧運會會旗。1896 年，第一屆現代奧林匹克運動會在雅典舉行，此後每四年輪流在世界不同城市舉辦，延續至今。古柏坦提出「體育就是和平」，推動奧運會的國際化和現代化。

「和」蘊涵天人合一的宇宙觀，是人與自然和諧共生的體現。《論語》提及「君子和而不同」，是說君子能理解和接納持不同觀點和看法的人。時至今日，「和」在家庭關係、社會關係、國際關係等方面仍起非常重要的作用。全球化降低了地域的限制，令國與國之間的關係變得越來越密切。和而不同的理念能夠調節錯綜複雜的國際關係，促進國家和地區的穩定發展。

現代奧林匹克運動會提倡不分種族、膚色、宗教信仰、意識形態、語言文化。全世界人民相聚在奧運五環旗下，以團結、和平與友誼為宗旨，進行公平競技。這與以「和」為核心的中華文化不謀而合。

北京歡迎你

舉辦奧運會，是一個國家在和平時代屹立於世界強國之林的重要標誌。北京是奧運史上第一座雙奧之城。在現代奧運會一百多年的歷史中，成為唯一舉辦過夏季奧運會和冬季奧運會的城市。

2008 年北京夏季奧運會的口號是「同一個世界，同一個夢想」(One World, One Dream.)，體現奧林匹克精神的實質和普遍價值，反映北京奧運「綠色奧運、科技奧運和人文奧運」的三大理念，富有時代特徵。口號表達了全世界在奧林匹克精神感召下，追求人類美好未來的共同願望。

從 2008 年北京奧運會，到 2014 年南京青奧會，再到

2022 年冬奧會，中國始終與奧林匹克運動會相伴而行。中國積極推動不同文明互動交流，以體育運動促進世界和平。

2022 年，高科技為新冠疫情下舉辦的冬奧會保駕護航。奧運村的設施，讓來自世界各地的選手，共享中國科技成果。比如運動員房間裏，設有可以調整成各種角度，配合睡姿、坐姿，還能實現按摩、零壓力、鬧鐘推醒等功能的智能牀。遊戲室內，有各種 VR 遊戲設備，甚至還有蛟龍號深潛模擬器。餐廳從點菜、製作到上菜，都可以由機器人包辦，下單

之後只需在座位上，等着菜餚從天而降，由機器人精準投放到餐桌。機器人也會笑瞇瞇地遞上製作好的雪糕，還會手法嫻熟地調製一杯雞尾酒。

北京冬奧會提出「一起向未來」(Together for a Shared Future.) 的口號，意在讓全世界意識到人類團結的重大意義，這也是奧林匹克格言的生動實踐。《奧林匹克憲章》寫道：

> 每一個人都應享有從事體育運動的可能性，而不受任何形式的歧視，並體現相互理解、友誼、團結和公平競爭的奧林匹克精神。

北京冬奧會在「更高、更快、更強」之上，加上「更團結」，更加強調人的精神素質，體現人文精神。尤其是在新冠疫情肆虐全球期間，面對疫情的挑戰，能夠鼓舞全人類團結起來的精神特別可貴。

第五章

衣食當須紀，力耕不吾欺

家宴筵會講禮儀

為甚麼在宴會中要排座次呢？

為甚麼在宴席上要推讓尊長先起筷？

皇帝吃飯講排場

中國人重「禮」，宴席禮儀自然成為飲食文化的一個重要部分。《禮記》說：「夫禮之初，始諸飲食。」就是說一切禮儀，都是由飲食開始的。

宴席禮儀源遠流長，不同朝代、不同階級、不同宴席有不同的禮儀，形式和內容豐富多彩。上自帝王將相，下至黎民百姓，莫不以禮居先。當中，以古代宮廷皇家的飲宴最為講究，為人所樂道。

皇帝吃飯時，身旁會有幾十名穿戴整齊的太監侍候。食物方面，由器皿以至菜餚的款式和數量等，都有明確的規定。平日菜餚兩桌，冬天另設一桌火鍋，還有各種點心、米膳、粥品三桌，鹹菜一小桌。此外，食器皆繪有龍紋，並寫上「萬壽無疆」的字樣。

皇帝吃一頓飯，要這麼多的繁文縟節，是因為吃飯不僅僅為了填飽肚子，更重要的是為了體現他至高無上的地位。

賓客有序，尊長先起筷

今天，許多繁文縟節已經被淘汰。但宴會上的一些禮儀，卻仍保留下來。

宴會的一般程序是，主人事前以請柬邀客，席前迎客於門外。作為客人，赴宴要注意儀容，根據關係親疏決定是否攜帶小禮品。宴會中，要明確自己的身份，聽從主人安排才可以入座。座次尚左尊東，宴會首席為地位最尊的貴客或輩分最高的長者，而末席為一般親友或輩分較低的人。今天，我們出席一些宴會時，仍然會發現有一兩桌是屬於主家的，位置多設於台下最前列。作客者不可貿然入座，否則有失禮儀。

不論是圓桌或方桌，是中國或者是西方國家的飲食文化，都有排座次的禮儀，表現人與人之間互相尊重的美好品德。

中國傳統的倫理觀念，十分講究敬老尊賢。除了迎接、讓座，在宴會開始後，每上一道菜，應推讓地位最尊貴或輩份最高的人先起筷，或者先給尊長挾上餸菜，然後大家才可進食。如果貴客或長者尚未起筷，自己就搶先挾菜，那是有失體統的。還有，依照慣例，客人出席宴會，是不會吃光桌上的菜餚，以免令主人家誤以為菜餚預備不足而感尷尬。雖然要守禮，但我們也要珍惜食物，不做「大嘥鬼」，所以可在宴席結束之後打包回家。

今天，中國社會保留這些宴席禮儀，讓人們可以學會互相尊重，人際關係更加和諧。

筷子靈活多功能

為甚麼不可以用筷子敲打碗盤？

使用筷子有哪些禁忌需要注意？

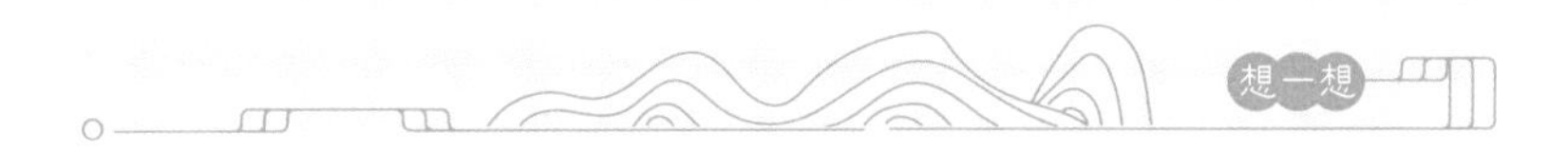

由骨匕到筷子

看一看，你能不能猜對以下謎語：

姐妹兩人一樣長，廚房進出常成雙。

甜酸苦辣千般味，總讓她們先來嚐。

怎麼樣，猜對了嗎？如果一時猜不到，沒關係，看看下文，自然水落石出。

如果我們按人類進食方法來分類，可以分為三類：用手指，用叉子，用筷子。而人們談到中西飲食文化的差別時，常說中國是筷子文化，西方是刀叉文化。

商代的銅筷子是中國最早的筷子，那麼商代以前的人是怎樣吃飯的呢？考古學家在黃河流域的新石器遺址中，發現了七千年前祖先用來吃飯的骨匕。這些骨匕主要是以獸骨製作，形狀可以分為匕形和勺形兩種，類似西方的餐匙和餐刀。後來，由商代開始，筷子慢慢代替了骨匕的地位，成為了中國主要的飲食器具。

筷子兆吉祥

筷子在古代稱為「箸」，意思是指幫助吃飯的工具。筷子靈活無比，凡是手指能做的動作，筷子都能完成，例如挾、撥、挑、扒、撮、撕等。

筷子的標準長度是七寸六分，並且是上方下圓。七寸六分長，代表人有七情六慾，同時提醒人們要節制慾望，食不可過量。筷子一頭方，一頭圓，圓象徵天，方象徵地，表示「天圓地方」，這是中國人最初對宇宙的理解。

由古至今，漢族都視筷子為一種吉祥器物。古時候，人們會以筷子鬧新房，取「快」的諧音，寓意「快生貴子」。今天，人們仍會以筷子作為婚宴的賀禮。

使用筷子時，需留心一些禁忌。例如不可以用筷子敲打碗碟，只有乞丐討食時才會敲打碗盆。用筷子擊打餐具，發出叮叮噹噹的聲響，是對食物不滿意或上菜遲緩的一種抗議。握筷子時，不可把食指空出來指來指去，這對別人很不禮貌。也不可在盤中刨來刨去，這樣是沒有教養的。盛飯的時候，更不能把筷子插在飯裏，就像是上香一樣，是對同桌的人大不敬。所以這些都應該避免。

有人稱讚筷子是萬能餐具，也有人誇讚筷子是世上最簡單、距離最短的搬運工具。很久以前，筷子便遠傳日本、韓國和越南等地，影響不可小覷。

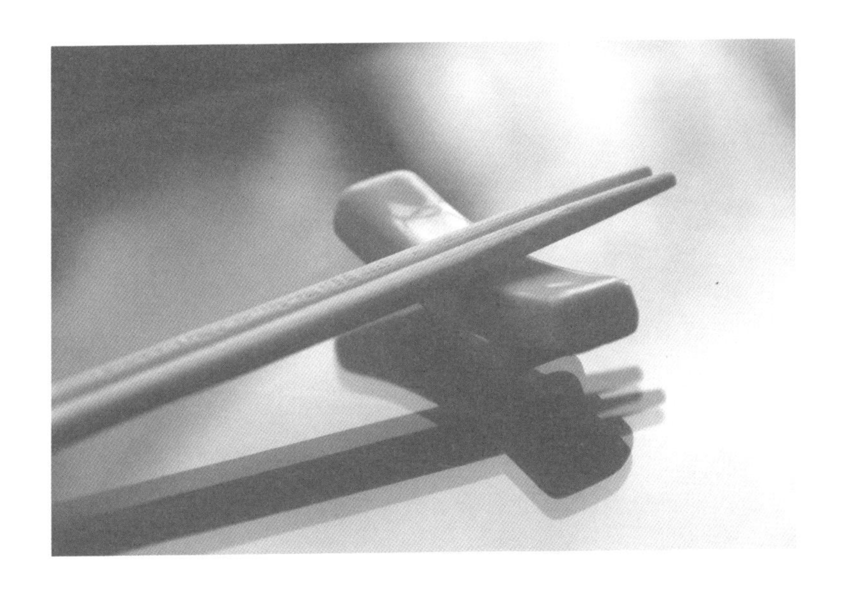

百菜百味色香備

你知道麻婆豆腐的來源嗎？

你知道中國有多少個菜系嗎？

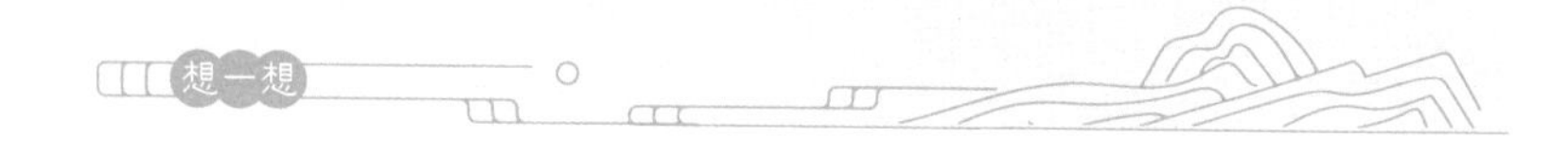

麻婆豆腐走向世界

川菜中的麻婆豆腐以麻、辣、鮮、酥、嫩揚名全國，甚至走向世界。

據說古時成都有一間陳興盛飯莊，主廚是店主陳春富之妻劉氏。劉氏臉上滿是麻子，大家都稱她「陳麻婆」。萬福橋是油商運油的必經之處，很多商旅行客都會到陳興盛吃飯。各種菜色中以豆腐的價錢最便宜，很受客人歡迎。但時間久了，客人都吃膩了煎、炒、煮、炸的豆腐菜式。

麻婆心靈手巧，用辣椒、豆豉、豆瓣醬、青蒜、花椒末和黃牛肉末，燒了一道麻辣鮮香的豆腐佳餚。客人品嚐後，讚不絕口，一傳十，十傳百，「麻婆豆腐」之名不脛而走。

隨着全球化，麻婆豆腐逐漸走向世界。初嚐中餐者，使用筷子還不太靈活，但麻婆豆腐可以拌飯，用勺子食用即可。

還有不少西方人，直接把它當作下酒的零食。總之，它是外國人眼中最受歡迎的中國菜之一。

八大菜系各有千秋

民間流傳一首《全國口味歌》，道出中國各地的菜餚風味不同，使中國菜擁有百菜百味的特色：

安徽甜，湖北鹹，福建浙江鹹又甜。
寧夏河南陝甘青，又辣又甜外加鹹。
山西醋，山東鹽，東北三省鹽帶酸。
黔贛兩湘辣子蒜，又辣又麻數四川。
廣東鮮，江蘇淡，少數民族不一般。

八大菜系分別指川菜、魯菜、蘇菜、閩菜、粵菜、湘菜、浙菜、徽菜。八大菜系各有千秋，各有自己獨特味道和風味。如江蘇菜餚善用燉、焖、烤、煨等烹調方法，其菜品細緻精美，格調高雅；廣東菜善用燒、煲、軟炸、軟炒、清蒸等烹調法，菜品風格清麗瀟脫，刻意求新。

精湛的烹調技藝、豐富的佳餚和風雅的掌故，使中國飲食成為一種藝術，滿足了人們在視覺、味覺和嗅覺上的享受。

中國烹飪藝術強調色、香、味三個原則，缺一不可。廚師會選擇斟酌配菜材料的顏色，令菜色美觀；也善用不同香料，如蔥、薑、蒜、酒、八角、桂皮、麻油、胡椒等，使菜餚香氣四溢；也追求五味調和，即甜、酸、苦、辣、鹹的搭配。

中國地大物博，氣候、物產和風俗各有差異，各地的飲食習慣和烹調方法迥然不同，廚師演繹各異，形成豐富的地方菜系，塑造出精彩的飲食文化。

釀酒烹茶有學問

你知道甚麼叫「節令酒」嗎？

你知道是誰最先發現茶的嗎？

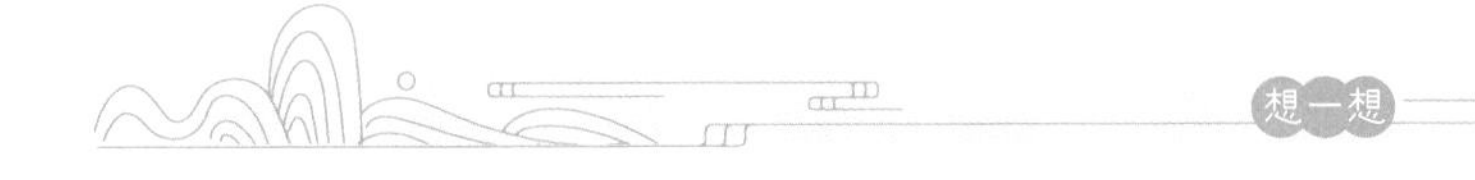

名酒佳釀韻味長

中國人最早掌握釀酒技術，甲骨文中已有關於酒的記載。酒文化歷史悠久，文人雅士為酒所起的別名很多。有人稱酒為「忘憂」和「歡伯」，表示酒能夠令人忘掉憂愁，帶來歡樂之意。有趣的是，某些和尚貪杯破戒，便稱酒為「般若湯」。

在不同的節日，人們會喝不同的酒，名為「節令酒」。如端午節喝雄黃酒，重陽節喝菊花酒，春節喝屠蘇酒等。

中國有許多名酒，有以產地命名的茅台酒、紹興酒、劍南春等；有以釀酒主要材料命名的五糧液、竹葉青、五加皮等；有以歷史人物命名的文君酒、貴妃酒、太白酒、十二金釵酒。中國的國酒和禮賓酒則是茅台酒。茅台酒名揚中外的契機，是在 1915 年舉辦的巴拿馬國際博覽會。主辦機構以包裝差為理由，拒絕讓茅台酒參展。當時中國一位隨行代表急中生智，將一瓶茅台酒故意摔破。頓時，整個會場酒香四溢，各國代表們都被這佳釀的香醇吸引，品嚐後更讚不絕口，嘖嘖稱奇。最後，茅台酒獲評為世界名酒第二名，與蘇格蘭威士忌、法國白蘭地合稱為世界三大名酒。

雖常說「酒逢知己千杯少」，但古人也定下酒過三巡之禮，指客人喝完三杯酒後，要自覺放下杯子，退出酒宴。喝酒需自我節制，懂得「淺酌怡情，豪飲亂性」的道理。

以茶待客情更濃

世界各國都稱中國是「茶的故鄉」。據說 5000 多年前，神農氏是最早發現茶葉的人。神農氏為了採摘更多的草藥治病救人，於是決定嚐遍所有的植物。一天，神農氏吃了一種嫩葉後，感覺腸胃裏一切髒東西都被清掉。此後神農氏便讓病人吃這種嫩葉祛病驅毒。這就是茶葉。

除藥用價值外，人們也追求茶的色、香、味，並評出許多中國名茶，比如洞庭碧螺春、西湖龍井、武夷大紅袍、安溪鐵觀音、黃山毛峯等。

由古至今，中國都有以茶待客的風俗，如果客人來訪，主人家沒有泡茶招待，會視為失禮。古人形容飲茶是：「一人得神，二人得趣，三人得味。」閒暇之時，一人品茗，正可偷得浮生半日閒；兩三知己共聚，滿室茶香，大家促膝談心，樂事也；至於七八人一起飲茶，氣氛更是熱鬧，可以天南地北無所不談。以茶待客，體現了茶濃情更濃的情意。

十二生肖奇趣談

你知道生肖是哪十二個嗎？

十二生肖為甚麼沒有貓？

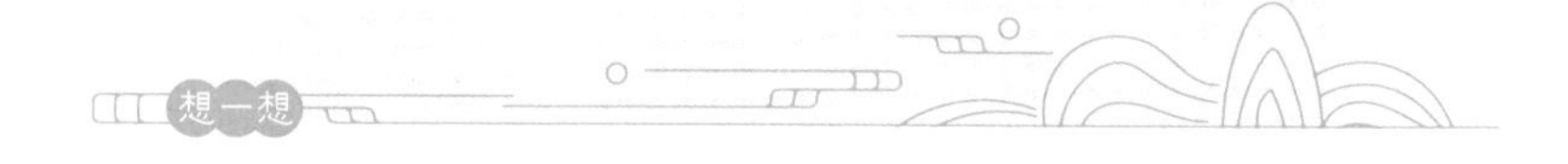

十二生肖排次序

貓為甚麼那麼怨恨老鼠，一見了老鼠便追着要吃牠？

據說混沌初開的時候，玉皇大帝下令召集所有動物前來，按到達的次序配搭子、丑、寅、卯、辰、巳、午、未、申、酉、戌、亥十二地支，作為人的生肖。消息傳開後，貓和老鼠都想參加，但貓知道自己有貪睡的習慣，所以吩咐好朋友老鼠叫醒牠，一同上天庭。但老鼠嘴上答應，第二天卻獨自出門，沒有叫醒貓。

老鼠在路上遇到了牛，於是結伴同行。老鼠騎在牛背上，快到報到地點時，便從牛背上飛身躍下來，趕在牛前頭到達。

老鼠和牛來到天庭後，龍、虎、馬、羊、猴、雞、狗、豬、兔、蛇等也相繼到達凌霄殿。

玉帝命令豬負責排次序，豬把自己的名字放在第一位。

次序表交到玉帝手中，玉帝看了，指着豬生氣地說：「豬卿家，你的私心太重了！」提筆便把豬改為最後一名。於是十二種動物便按十二地支順序排定了：

子	丑	寅	卯	辰	巳	午	未	申	酉	戌	亥
鼠	牛	虎	兔	龍	蛇	馬	羊	猴	雞	狗	豬

貓醒來時已經為時太晚，因而榜上無名，從此與老鼠成為宿敵。

由生肖推算年齡

現在你只要告訴人家屬甚麼生肖，別人就能推算出你的年齡。因為生肖是按十二地支排列，每十二年循環一次。只要知道你屬哪個生肖，再看看你的大約年紀，便知你是哪一個循環中的哪一年出生了。以下便是其中一個生肖循環：

年份	生肖	干支	年份	生肖	干支
2008	鼠	戊子	2014	馬	甲午
2009	牛	己丑	2015	羊	乙未
2010	虎	庚寅	2016	猴	丙申
2011	兔	辛卯	2017	雞	丁酉
2012	龍	壬辰	2018	狗	戊戌
2013	蛇	癸巳	2019	豬	己亥

你也可試問你的朋友屬甚麼生肖，然後推算出他的出生年份。

十二生肖以動物為標誌，自然比單獨以地支推算有趣得多。這是民間的發明，就好像奧運會也有以動物為標誌的吉祥物一樣，頓添很多意趣。

有些人把焦點放在十二生肖的運程上，研究屬甚麼生肖的人，會有甚麼樣的性格，今年的運程怎樣等。這無疑是一種趣味的活動，但如果完全相信並限制自己的話，就會流於迷信。試問同屬一生肖的人那麼多，又怎會每個人都同一命運呢？把這些作為生命和選擇的依據，則不可當真。

（圖片來源：台北國立故宮博物院）

天干地支多妙用

甲午戰爭的「甲午」是甚麼意思？

我們為甚麼不要盡信八字算命？

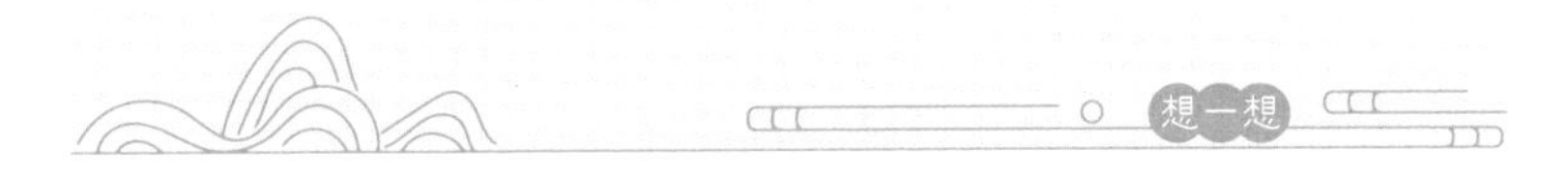

天干地支紀年法

中國歷史上的甲午戰爭、戊戌變法、辛亥革命，都是以事件發生的農曆年份命名。「甲午」、「戊戌」、「辛亥」就是天干地支紀年法。據說「干」是樹幹的意思，「支」是樹枝的意思，表示樹幹和樹枝的主從關係。另外，古人又認為天為主，地為從，互相配合，有如樹幹和樹枝，所以就有「天干」和「地支」的說法。這是中國古代用來表示年、月、日、時，可以周而復始，循環使用的一種曆法。以下是十天干和十二地支：

天干	甲	乙	丙	丁	戊	己	庚	辛	壬	癸		
地支	子	丑	寅	卯	辰	巳	午	未	申	酉	戌	亥

把天干和地支按順序互相配搭，可組成六十個組合，例如第一個是甲子，第二個是乙丑，第三個是丙寅，依此類推，到第六十個組合癸亥。天干共有六個循環，地支則有五個循環，其後便由甲子重新開始。所以用天干地支紀年，每六十年重複一次，第六十一年又是甲子年了。我們稱六十歲為花甲之年，就是由此而來。

若知某一年的干支紀年，便可推算前後各年份的干支紀年。干支紀年法一個周期為六十年，循環不已，永無窮盡。但缺點是容易重複，如果年代久遠則不容易準確掌握年份。

天干地支算命法

干支除了用來紀年外，還可用來紀月、紀日和紀時。商代時已用干支紀日，不論月大月小、閏年平年都可以用，十分方便。但因為不是每月初一起計，所以現在要查萬年曆才得知正確的紀日干支。

春秋時代，已有用十二地支紀月的記載：

正月	二月	三月	四月	五月	六月	七月	八月	九月	十月	十一月	十二月
寅	卯	辰	巳	午	未	申	酉	戌	亥	子	丑

每個人的出生年、月、日、時，各有不同的干支，所以共有八個字，八字算命即是根據這八個字來推算運程。當人遇到挫折時，尤其喜歡追求命運之說。但命運之說不可當真。人類要依靠自己的努力才能進步，這也是人生的意義。

廿四節氣分四季

冬至是農曆的節令，為甚麼常年固定於

陽曆 12 月 22 日左右？

你知道春、夏、秋、冬四季是怎樣劃分的嗎？

農曆與陽曆

二十四節氣是中國傳統的農曆曆法，是根據地球公轉的位置而劃分。地球環繞太陽公轉一周為 360 度，平分為 24 份，即每十五度為一個節氣。劃分二十四節氣有利於農事活動，所以很早就出現在中國傳統曆法中。我們現在所用的陽曆也是以地球公轉一周為一年，所以二十四節氣雖是農曆曆法，但也和陽曆配合。

二十四節氣的陽曆排序

二月	三月	四月	五月	六月	七月
立春 雨水	驚蟄[1] 春分	清明 穀雨	立夏 小滿	芒種 夏至	小暑 大暑
春季			夏季		
八月	九月	十月	十一月	十二月	一月
立秋 處暑	白露 秋分	寒露 霜降	立冬 小雪	大雪 冬至	小寒 大寒
秋季			冬季		

為了方便記憶，有人編了一首《二十四節氣歌》：

春雨驚春清穀天，夏滿芒夏暑相連。

秋處露秋寒霜降，冬雪雪冬小大寒。

劃分四季

中國大約在三千年前，即西周時代就已經有了春、夏、秋、冬四季的名稱。人們最先測定的是冬至和夏至，這是二十四節氣中最早得名的兩個節氣。我們的祖先把一根竹竿立在地上，發現竹竿的影子在夏至那天的正午最短，在冬至那天的正午則最長；而夏至的白晝最長，冬至的則是黑夜最長。

1　蟄：音窒，又音直，動物冬眠時的狀態。

後來又發現，一年之中有兩天白晝和黑夜是一樣長，這兩天剛好在春天和秋天的中間，所以分別稱為春分和秋分。

戰國末期，又增加了立春、立夏、立秋、立冬四個節氣，加上原本的四個，共有八個節氣，稱為八節，剛好把一年分為八段。春、夏、秋、冬四季的時間就這樣規定下來，稱為「四時八節」。

到西漢時期，又把八節發展為二十四節氣，一直流傳至今。

二十四節氣的確定，展示出我們祖先的聰明智慧，它對農耕生活具有重大的指導意義。但中國幅員遼闊，季節氣候的變化不是每個地區都相同。二十四節氣發源於黃河中下游，所反映的主要是該地區的氣候變化。南方地區的緯度和地理都和北方有所不同，二十四節氣所預測的氣候便沒有那麼準確了。

比如香港位於南方，又近海洋，夏季特別長，冬季短而不明顯。所以季節和氣候的變化不完全和二十四節氣一樣。

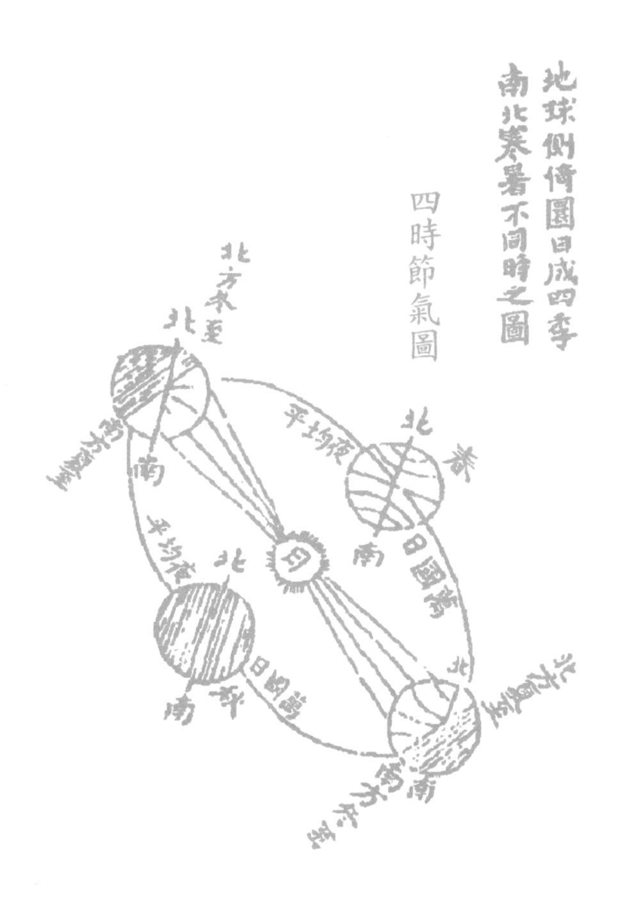
地球側倚圜日成四季
南北寒暑不同時之圖
四時節氣圖
北方冬至
南方夏至
平均夜
春
秋
北方夏至
南方冬至

陰陽五行藏玄機

八卦是由哪兩個符號組成的？

五行是哪五種物質？

陰陽兩兩相對

八卦是中國古代一套有象徵意義的符號，相傳是伏羲所創，後來用以占卜。八卦由陰陽兩爻組合而成，「- -」是陰爻，「—」是陽爻。這兩個是基本符號，稱為「爻」。每三爻重疊成為一個卦，可以有八個組合。

八卦象徵八種基本物質，古人認為，世界上一切事物都是由八種基本物質組成。

乾	坤	震	巽	坎	離	艮	兑
天	地	雷	風	水	火	山	澤

後來周文王把八卦搭配組合，演變成六十四卦，用來象徵各種自然和人事現象。

古代思想家也用陰陽符號來表示事物的規律。初時，陰陽只是大自然的概念，指日光照到和照不到的地方，向日為陽，背日為陰。後來成為對偶的概念，引申出其他一對對的含意：如用陰陽指天象，就是日和月，指氣候就是暑和寒，指方位就是上和下，指性質就是剛和柔。還有很多不同的引申概念，如：天地、晝夜、乾坤、明暗、水火、生死等。

五行相生相剋

古人習慣把事物分為五類，並廣泛應用到不同的生活領域。五行就是指木、火、土、金、水，以五種日常生活中常見物質來說明事物的起源。到了戰國時又出現了「五行相生相剋」的學說。如「木生火，火生土，土生金，金生水，水生木」和「水剋火，火剋金，金剋木，木剋土，土剋水」的五行關係。後來古人又把五行的分類應用至不同領域。

五行	季節	方向	天干	數字	音階	味道	顏色	穀物	牲畜	臟腑
木	春	東	甲乙	三八	角	酸	青	麥	犬	肝
火	夏	南	丙丁	二七	徵	苦	赤	稷	羊	心
土		中	戊己	〇五	宮	甘	黃	黍	牛	脾
金	秋	西	庚辛	四九	商	辛	白	麻	雞	肺
水	冬	北	壬癸	一六	羽	鹹	黑	菽	彘	腎

民間習俗中，也常有人以五行來為初生嬰兒命名。古人認為命運由上天所決定，希望透過「改名」（起名）這種人為的方法來改變。但今天我們知道，把命運寄託在名字上是不切實際。我們應該努力充實自己，擴闊眼界，不斷自我增值，這才是掌握自己命運的正確方法。

第六章

天地英雄氣，千秋尚凜然

鴻蒙初開始造人

你知道日月、雷雨、江河、草木是怎樣出現的嗎？

你知道女媧用甚麼來造人的嗎？

盤古開天闢地

相傳遠古時，宇宙一團混沌，沒有任何植物和動物。有一個巨人，名叫盤古。他見周圍一片漆黑，於是施展神力，手執鑿子和斧頭，開天闢地，宇宙於是混沌初開。盤古怕天和地還會合在一起，便雙手頂着天，雙腳踏着地。天每日升高一丈，盤古就越長越高，天地也就越分越開。就這樣經過漫長的年月，天地再也不會合起來，盤古卻耗盡體力，奄奄一息。就在這個時候，發生了奇妙的變化：他的呼吸化成風雲，聲音化成雷霆，左眼變為太陽，右眼變為月亮，四肢五體變為四極五嶽[1]，血液變為江河，筋脈變為地理，肌肉變為田地，鬚髮變為星辰，皮毛變為草木，齒骨變為金石，骨髓變為珠玉，

1　四極五嶽：四極指東、南、西、北；五嶽指泰山、華山、衡山、恆山、嵩山。

汗水變為雨露。從此，寂靜的宇宙添上了無限的生氣。

今天，中國不少地方，尤其是西南少數民族，仍信奉盤古為創世先祖，並建立寺廟供奉和紀念。

女媧造人

盤古開天闢地之後，天地之間出現了日月星辰、風雨雷電，花草樹木，江河山川。不知何時，天地之間孕育出一位美麗的女神，名叫女媧。她獨自在這個美麗的世界無憂無慮地生活，但時間一長，女媧就開始覺得孤單。

有一天，女媧來到一個湖泊前，看着跟自己一模一樣的倒影，突然靈光一閃，心想：「為甚麼我不照着自己的樣子做一些小玩意呢？」於是女媧用水和着黃泥，照着自己的模樣，捏了一個小泥人。她向泥人吹一口仙氣，小泥人便有了生命力，在地上活蹦亂跳起來。女媧看着十分開心，於是勤快地捏了一個又一個小泥人，有男有女。照着之前的方法，吹一口仙氣，然後把小泥人放在地上，這些泥人都活了過來，說說笑笑。

此後，女媧每天更加努力地用黃土捏出更多的小泥人。但是她發現用手捏實在太慢了。於是女媧把一根用柳條編製的繩子浸到黃泥漿裏，然後甩在地上，泥點落地後直接化為人形，只是這些泥人高矮胖瘦都不一樣了。女媧給他們起了一個統一的名稱，叫做「人」。為了不使人滅絕，女媧教人類建立婚姻關係，為他們作媒配對，讓他們生兒育女，一代代繁衍至今。

射日治水為蒼生

后羿為甚麼要射下天上的九個太陽呢？

大禹如何治理水患的呢？

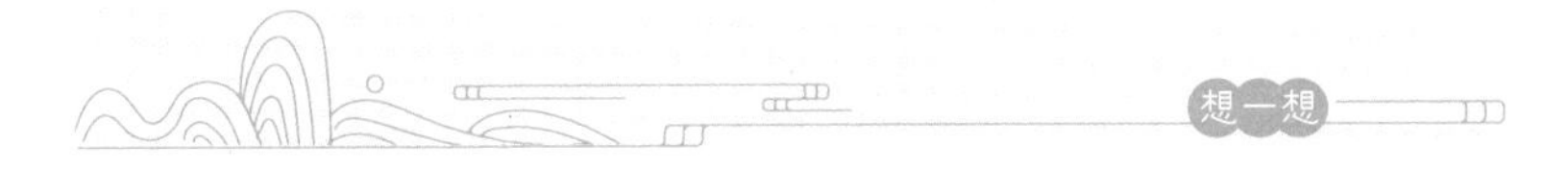

后羿射日

傳說在上古時代，天上有十個太陽，它們都是天帝的兒子，每天從東方出發，到西方休息，輪流值班，為大地帶來光明。但日子久了，他們覺得很乏味。一天，他們決定一起出去當值。十個太陽的熱量，使地上瞬間草木枯萎、河水乾涸，人們如置湯鑊。

后羿身為人族首領，不能眼見子民受苦，於是冒着被烈日灼傷雙目的危險，張弓搭箭，朝着天上，將十個太陽逐一射下來。「一，二，三……七，八，九！」人們興奮地數着從天上掉下來的太陽，一共有九個。「咦！還有一個呢？」原來剩下的太陽，嚇得全身發抖，躲在厚厚的雲層後面。后羿正要放最後一箭，人們懇求說：「如果一個太陽也沒有，世界就會一片黑暗了。」后羿覺得有道理，便聽從大家的意見，收起弓箭。剩下的這個太陽從此每天乖乖地東升西落，大地萬物恢復生機。

大禹治水

遠古時候，人們總是受到洪水肆虐的困擾，房屋倒塌，農作物和牲畜被淹沒，有時候連高山也會被淹浸。人們的生活苦不堪言。

帝堯不忍百姓受苦，便委任鯀治理洪水。鯀得知天帝有一種寶物叫做息壤，它能夠不停生長，積山成堤。於是鯀偷來息壤阻截洪水，但收效甚微。天帝得知鯀偷了息壤，勃然大怒，將他處死。

帝堯死後，水患仍然持續。繼位的帝舜委任鯀的兒子禹繼續治理洪水。禹汲取了父親鯀的教訓，實地考察，認真研究治理洪水的好方法。終於發現疏導河流比堵塞洪水更有效。

於是禹翻山越嶺，考查地理水文，率領人民開鑿渠道，逐步把洪水引導到東面的大海。為了早日讓百姓過上安穩的生活，禹匆匆別過新婚的妻子。此後十三年，他曾三次路過家門，卻顧不上進門與家人打招呼，專心一意地投入治水的工作。

不管工作多麼艱辛，多麼勞累，他都沒有放棄。禹克服了無數困難，終於成功了！他不但治理好洪水，也讓乾旱的地方得到河水的滋潤。從此，人們安居樂業，萬物欣欣向榮。后羿在關鍵時刻為族人挺身而出，射落九個太陽；禹不辭勞苦地疏導河流，為百姓治水。他們都作出了無私的奉獻，成為深受人民景仰的大英雄。

儒門孔孟皆聖人

為甚麼後人尊奉孔子為「聖人」？

為甚麼稱孟子為「亞聖」？

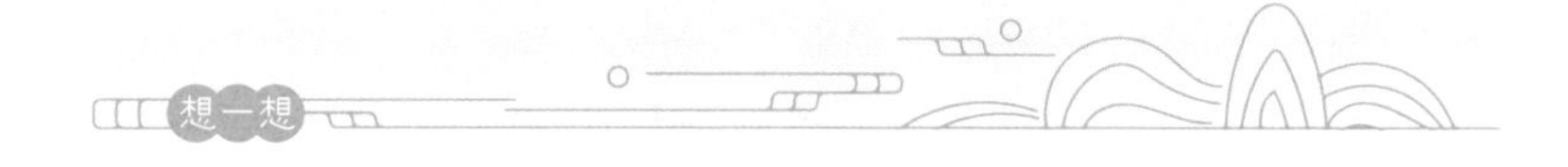

萬世師表重禮教

孔子，名丘，字仲尼，春秋時期魯國人。

他小時候喜歡模仿大人拜祭鬼神，練習禮儀。孔子在魯國擔任過不同職位，最高職務是大司寇，總管魯國的社會治安。後來孔子授徒講學，成為私學的創始者，共有弟子約 3000 人。中年之後，孔子曾與弟子們周遊列國十四年，宣揚自己的學說，無奈得不到各國君主的賞識。返回魯國時，孔子已經 68 歲了。他決定專心從事教育工作，並整理刪定了《詩》、《書》、《禮》、《樂》、《易》、《春秋》，後人稱為「六經」。

孔子是古代偉大的思想家和教育家，他的很多至理名言，今天我們仍然奉為圭臬，如「克己復禮為仁」、「己所不欲，勿施於人」、「有教無類」、「學而不厭，誨人不倦」、「三人行，必有我師」、「欲速則不達」、「工欲善其事，必先利其器」等。孔子教導學生，遇上疑難時要勇於發問，不必感到羞恥：「敏而好學，不恥下問。」這種不恥下問的求學精神值得我們學習。

由孔子創立的儒家學說，後來成為對中國文化影響最大的學派之一；記載孔子言行的《論語》，被奉為儒家經典。後人盛讚孔子為「千秋仁義之師，萬世人倫之表」，尊奉他為「至聖先師」。

孔子像

孟子論人性本善

孟子，名軻，戰國時期儒家代表人物。

一次，孟子和告子辯論，孟子說：「人性之善，就好像水向下流；人沒有不是性善的，就好像水沒有不向下流動一樣。」

這是孟子提出的「性善說」，既看到人性的先天屬性，也看到社會環境、人文教化對人性善惡的影響。

孟子主張人可以行善、人應該行善。他認為人的本性有善的傾向，人才會行善，才會做一個好人。孟子以仁、義、禮、智作為人的善性，並以君子作為人的最高標準來實現善性的完美。

中國文化以儒家為主導，孔子確立了儒家思想體系，有「聖人」之稱。孟子繼承了孔子的學說，並在孔子的基礎上展開了多方面的闡述，為儒家思想提供了理論根據，為孟子贏得「亞聖」的稱譽。

文成公主嫁吐蕃

你可以說說松贊干布有哪些功績嗎？

文成公主為甚麼受到吐蕃人民的愛戴？

偉大的藏王松贊干布

在西藏地區的歷史上，有一位最重要，最廣為人知的藏王，叫做松贊干布。松贊干布的一生，功績卓著，全面提升吐蕃政治、經濟、文化的發展，促進與唐朝的友好關係，推動漢藏民族的交流與發展。

松贊干布是一個尊號，他原名赤松贊。藏語「松贊」意為端莊尊嚴，「干布」意為深邃沉宏。松贊干布的父親朗日松贊是吐蕃王朝的贊普（吐蕃君長的稱號）。松贊干布出生以後，過着優渥的生活。他自幼刻苦勤學，10 歲左右就成長為驍勇善武，博學廣聞的少年英雄。公元 629 年，朗日松贊被人毒殺，松贊干布繼承父親的王位。在叔父和宰相的扶持下，經過數年征剿，他掃平內部叛亂，平定周邊邦國，統一西藏地區，建立起強大的吐蕃王朝。隨後遷都拉薩，建造大昭寺和小昭寺。他鼓勵人們開墾荒地，開山修路。他亦親自創造文字，號召大臣學習，又規定年輕的貴族子弟必須學習。後又選派一批精通藏文的貴族子弟到長安，學習唐朝先進的文化。唐太宗統治下的大唐王朝，富饒繁榮，萬國來朝，開創歷史上著名的貞觀之治。松贊干布仰慕大唐盛名已久，在貞觀八年（公元 634 年）派使者遠赴長安，向大唐求婚未果。後來松贊干布再派宰相祿東贊到長安求親，李世民詔命文成公主和親吐蕃。貞觀十五年（公元 641 年），25 歲的松贊干布親率隊伍從吐蕃遠道出迎，將文成公主迎回拉薩，封為王后，並為她建造了布達拉宮。

可惜這位雄才大略的藏王英年早逝。永徽元年（公元 650 年），松贊干布去世，年僅 34 歲。

和平使者文成公主

遠嫁吐蕃和親的文成公主，史書沒有記載她的身世，只知她是一位宗室女。普遍認為她是江夏郡王李道宗的女兒，而李道宗是唐高祖李淵的堂姪。

文成公主在李道宗和祿東贊的伴隨下，從長安出發，途經西寧，翻日月山，長途跋涉，終到達拉薩。

文成公主知書達禮，博學多聞，為吐蕃帶去大唐先進的文化和技術、大量專業人才和珍貴書卷。唐代工匠向藏民傳授冶金、紡織、建築、製陶、碾米、釀酒、造紙、製墨等技術。文成公主把中原文化的種子播撒在西藏高原，幫助藏民提高生產效率，改善生活質量。她與松贊干布和親，促進唐蕃的經濟文化交流，增進兩地人民友好，作出了不可磨滅的歷史貢獻。

可惜兩人沒能生育子女。松贊干布去世後，按大唐的規定，和親公主可返回長安。但文成公主強忍悲傷，毅然選擇留在西藏，繼續爲兩地的世代友好付出努力。其後，文成公主在西藏整整生活了三十年，專注幫助藏民，關心吐蕃，維護和平，獲得吐蕃人民無比的尊敬和愛戴。

公元 680 年，文成公主因感染天花去世。吐蕃為她舉行莊嚴盛大的葬禮，唐朝特派使者前來弔祭。一千多年來，祭拜她的香火不斷。時至今日，雪域高原上，依然能感受到文成公主給西藏留下的深深烙印。

忠孝兩全花木蘭

為甚麼木蘭要代父從軍呢？

怎樣做才是真正孝順父母呢？

想一想

女扮男裝，代父從軍

南北朝時，北朝樂府民歌《木蘭詩》描寫了花木蘭女扮男裝，代父從軍的始末。《木蘭詩》說：

昨夜見軍帖，可汗大點兵，
軍書十二卷，卷卷有爺名。
阿爺無大兒，木蘭無長兄，
願為市鞍馬，從此替爺征。

北魏時期，外族入侵邊境，官府發來一道道緊急徵兵文書，規定每家出一名男子上前線。文書徵召年邁的父親上戰場，木蘭心想：「阿爹已經滿頭白髮，身體虛弱。可是，弟弟年齡還小，怎麼辦呢？」於是靈機一觸：「我可以代替阿爹去從軍呀！」第二天，木蘭買來戰馬和戰袍。回家一打扮，嘿，真是個好威武的戰士啊！父母雖然不捨，但沒有其他辦法，只好答應讓木蘭去從軍。

立下戰功，辭絕封賞

木蘭自幼跟從父親習武，驍勇善戰；她從軍十二年，立下無數戰功，成為赫赫有名的英雄。凱旋歸來後，將士都領受了豐富的獎賞。可汗問木蘭：「花將軍，你的功勞最大，孤家封你為兵部尚書。」木蘭回答：「啟奏大王，木蘭不想當官，我只想回故鄉侍奉爹娘。」木蘭的一片孝心感動了可汗，於是可汗派了木蘭軍中的夥伴護送她回家。

回到久別的家，木蘭歡喜極了。她奔進閨房，卸下戰袍，換上羅衣。當木蘭走出閨房的時候，軍中的夥伴都嚇了一跳：「哇！我們真笨，共同生活了十多年，竟然不知道木蘭是女孩子。」

千百年來，花木蘭在人們心目中的形象，不僅是一位巾幗英雄，而且是一位孝順的女兒。她的孝順之心，受到人們的稱許。中國人一向都很重視孝道，凡事都以孝為先，總把父母放在第一位。《孝經》說：「人之行，莫大於孝。」又說：「夫孝，德之本也。」孝道是最基本的德行，孝順父母是最重要的。花木蘭就具有這樣的美德。

每個人都有自己孝順父母的方式，比如勤力讀書、愛護兄弟姐妹、分擔家務。但最重要的是《論語》提到的：

> 今之孝者，是謂能養。至於犬馬，皆能有養。不敬，何以別乎？

意思是說：「現在的人，以為能養活父母，就是孝順。而人們也能養活犬馬，若是對父母沒有敬意，跟養狗養馬有甚麼不同呢？」兒女以尊敬之心去關懷、愛護父母，才是最珍貴的孝順。

一門忠烈楊家將

你看過楊家將的電視劇或戲曲嗎？

你知道楊家女將的哪些故事？

忠勇愛國

楊家是北宋初年著名的軍事家族。宋代中期之後，民間就開始廣泛流傳楊家將的故事，以演義、話本、戲劇等形式，講述楊家四代人戍守邊境、忠勇報國的動人事跡。

五代時期，楊業先擔任保衛指揮使，以驍勇著稱，後來以功升遷到建雄軍節度使。楊業屢建戰功，所向無敵，人們尊稱他為「楊無敵」。據說有一次，宋太宗御駕親征，帶領軍隊與遼軍作戰；戰事持續多月，宋軍已經疲憊不堪，節節敗退。遼軍乘勝追擊，宋軍潰不成軍，太宗惶惶無措。禍不單行，敗退途中，宋軍兵馬陷入泥沼中，步履艱難。正在緊要關頭，前面奔來一隊人馬，太宗以為是遼軍追兵，仰天長歎道：「唉！難道寡人要命喪於此？」及至軍隊來到近前，才知道是楊業的隊伍，令太宗喜出望外。

此時前方敵軍緊追而來，楊業冷靜地說：「請皇上騎馬先行，末將會對付敵軍。」在楊業的帶領下，宋軍士氣大振，擊退遼軍。

後來，楊業戰死，兒子楊延昭、孫子楊文廣也繼承了「忠心報國」的家風，繼續馳騁沙場。

楊門女將

在男耕女織的傳統社會裏，女性所擔負的職務，主要包括養育兒女、操持家務，乃至兼理養蠶、繅絲、紡紗、織繡、製衣等，古人認為「女子以柔弱為美」、「女子無才便是德」。可是，在楊家將的傳說中，除了智勇善戰的男將外，楊門女將也巾幗不讓鬚眉。她們深通兵書，馳騁沙場，保家衛國，屢建奇功，堪稱「一門忠烈」。

民間傳說如「穆桂英掛帥」、「佘太君百歲掛帥」、「十二寡婦征西」等，都描繪出一個個栩栩如生的女將形象，家喻戶曉，婦孺皆知。最為人熟知的是楊宗保的妻子穆桂英，她手持家傳的降龍木，大破天門陣。後來楊家十二位女將帶兵出征，對抗遼軍，巾幗不讓鬚眉的氣勢在她們身上體現得淋漓盡致。

生於香港的年青一代，幸運得多，沒有戰亂，還有不同的紀律部隊維護社會秩序，保護市民的安全。愛國就好像是很高深的學問，報效國家似乎也很高遠。其實，愛國的道理很簡單，就是要愛國如家，把愛護、關心家人的行為加以擴充，關心國家和人民。在青少年時期，努力求學問，長大之後以所學回饋社會，這就是愛國的一種表現了。

鐵面無私包青天

包公為甚麼扔掉硯台呢？

你知道為甚麼包公的臉是黑色的嗎？

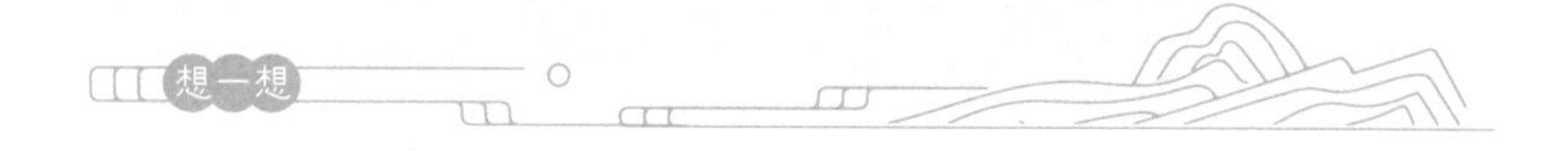

怒擲硯台

包拯是北宋有名的清官，他一生盡忠職守、愛民如子，百姓都尊稱他為「包青天」或者「包公」。

傳說有一年，包拯去到端州做官。端州出產的硯台非常有名，是朝廷貢品。包拯有一次路過製造硯石的地方，聽到一名工匠說：「唉！每年都要交幾十個硯台給官府，但工錢卻少得可憐！」另一個工匠忿忿地說：「那些當官的根本不管我們死活，只管自己發財！」

包拯回到衙門後，馬上查明真相：地方官員每年會多徵收幾十個硯台，用來賄賂朝廷的大官，好讓自己升官發財。包拯十分憤怒，一方面嚴懲貪官污吏，一方面頒佈法令：「每年只准徵收上貢數量的硯台，不得多徵，也不得扣減工錢。」百姓得知後，都說：「太好了！包公真的明察秋毫。」

數年後，包拯任期屆滿，乘船離開端州。起初天氣風和日麗，但是當船行駛到開採硯石的地方時，突然風雲變色，巨浪滔天，船隻不能前進。這時，隨從在船上搜出一塊硯台，說：「大人，這是鄉紳偷偷地送給你的。」包拯說：「如果我接受這份禮物，豈不是成為了貪官？把它丟到水裏去吧！」說也奇怪，當他把硯台拋掉後，江上立刻變得風平浪靜。

包拯一生最痛恨貪污，他認為官員要以身作則，不可貪贓枉法：「為官者，清廉是人們的表率，而貪贓則是『民賊』。」

人間「活閻羅」

除了「怒擲硯台」外，民間還有很多關於包公審判奇案的傳說，如「怒斬陳世美」、「巧判牛舌案」、「狸貓換太子」等，都是表揚包公的清廉正直，執法不阿。百姓更相信包公有管理陰間和陽世的能力，會在白天治理陽世，夜間管治陰間。因此，包公有「青天大老爺」、「活閻羅」及「閻羅天子」之稱。

包公在影視作品中的造型都是一臉黑色，額頭上有一道彎月。黑臉象徵他忠正耿直、鐵面無私；彎月表示他有審判鬼魂的本事。這雖是誇張和神化，但是曾與包拯同朝為官的歐陽修、司馬光，皆對包拯有十分積極的評價。《宋史》亦記載：「與人不苟合，不為辭色悅人」，「雖貴，衣服、器用、飲食如布衣時。」讚揚包拯公正廉明、鐵面無私，而又節約儉省。

科學里程碑沈括

沈括用甚麼方法快速數出酒罈的總數？

《夢溪筆談》為甚麼被譽為中國科學史上的里程碑？

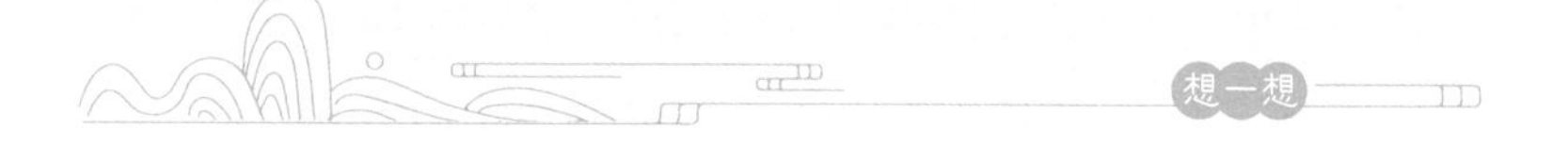

「隙積術」的奧妙

沈括（1031-1095年）是北宋傑出的科學家，也是中國古代一位「百科全書式」的科學家。他博學多才，於天文、地理、數學、律曆、物理、化學以及機械製作等方面都有成就。

據說有一天，沈括看見一家酒店堆放着一垛酒罈，最上面一層有 4×8 個，第二層為 5×9 個……依此類推，共有七層。酒店掌櫃看見沈括，說：「客官，請問想吃什麼呢？」沈括沒有回答，只是很專心注視着那堆酒罈。掌櫃請沈括入座，沈括沒有理會，只是唸唸有詞。掌櫃說：「客官，我聽不清楚您說甚麼。」沈括忽然說：「掌櫃，這裏是不是有 567 個酒罈呢？」掌櫃很驚訝：「對！您怎麼數得這麼快？」沈括答道：「我只計算當中一層是 7×11＝77 個酒罈，然後把這個數字乘以 7（層數），再加上一個常數 28，就得出總數 567 個了。」掌櫃問道：「這是甚麼計算方法呢？」沈括說：「因為這一垛酒罈有虛隙，我稱它為『隙積術』。」

中國古代的百科全書

沈括一生著述頗豐，見諸史記載的就有 22 種，而《夢溪筆談》就是其代表作。這部科學著作是用筆記體裁寫成，在科學史上佔有重要地位。全書內容博大精深，分 17 門，包括：故事、辯證、樂律、象數、人事、官政、權智、藝文、書畫、技藝、器用、神奇、異事、謬誤、譏謔、雜誌、藥議，共 609 條。當中自然科學和技術內容約 200 條，詳細記載和總結了古代，特別是北宋時期科學發展和生產技術的成就，也包括他自己在科學上的見解。

當時，民間有一種說法，認為塔影倒立是因為大海翻騰的緣故。沈括對光線直線傳播和凹面鏡成像進行觀察，並利用老鷹飛動和影子移動的實驗給予形象化的解釋。他在《夢溪筆談》中引例糾正，指出鷹在空中飛翔時，它的影子會隨鷹移動，如果在鷹與影子之間有一小窗孔，那麼光線穿過小孔時，影子的移動就會與鷹的飛行方向相反。原理一樣，光線通過窗孔後，寺塔的影子就會變成倒立。沈括以深入淺出的方法說明了這個光學原理。

《夢溪筆談》的科學價值，備受古今中外學者的重視，並得到高度評價。它被譽為中國科學史上的里程碑，位列中國古代八大科學名著之首。

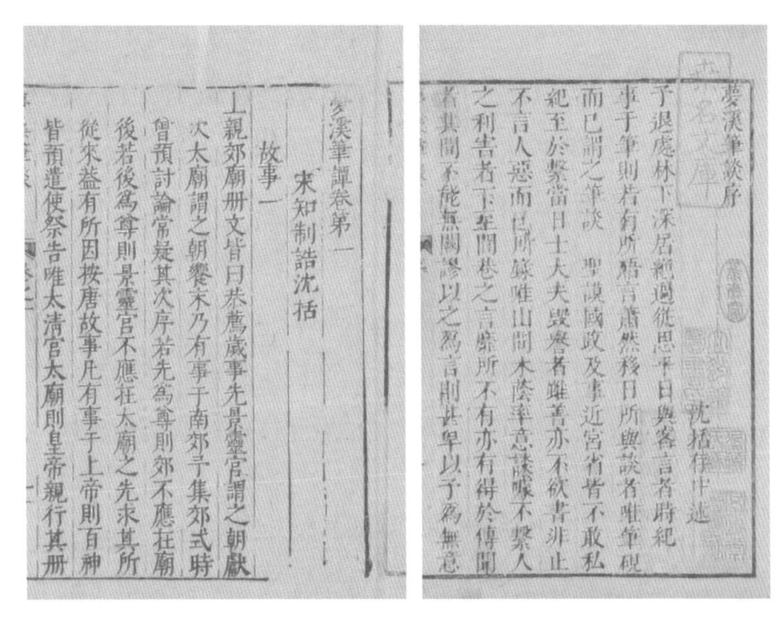

夢溪筆談序

沈括存中述

予退處林下深居絕過從思平日與客言者時紀事于筆則若有所晤言蕭然移日所與談者唯筆硯而已謂之筆談　聖謨國政及事近宮省者不敢私紀至於繫當日士大夫毀譽者雖善亦不欲書非止不言人惡而已所錄唯山間木蔭率意談噱不繫人之利害者下至閭巷之言靡所不有亦有得於傳聞者其間不能無闕謬以之爲言則甚卑以予爲無意

夢溪筆談卷第一

宋知制誥沈括

故事一

上親郊廟冊文皆曰恭薦歲事先景靈宮謂之朝獻次太廟謂之朝饗末乃有事于南郊予集郊式時曾預討論常疑其次序若先爲尊則郊不應在廟後若後爲尊則景靈宮不應在太廟之先求其所從來蓋有所因按唐故事凡有事于上帝則百神皆預遣使祭告唯太清宮太廟則皇帝親行其冊

《夢溪筆談》

第七章

興酣落筆搖五嶽

建安風骨三曹父子

你能說說「建安風骨」的特點嗎？

建安文人當中，你最欣賞誰的作品呢？

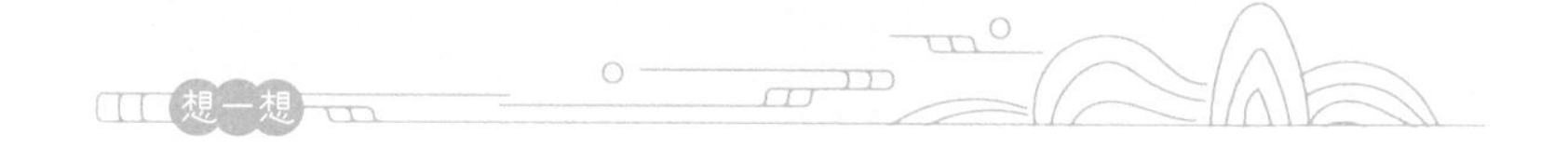

建安風骨

文學史上的建安時期，是指漢獻帝「建安」年號期間，東漢末至魏初的一段時期。漢末社會連年戰亂，這一時期的文人既有宏大的理想和政治抱負，又具備務實的精神和通脫的處世態度。建安文人逐步擺脫儒家思想的束縛，在文學作品中表現出鮮明的個性特徵，比如高揚的政治理想，期望建功立業，同時又會哀歎人生短暫，生命無常。這時期的文學作品內容充實，富有抒情性，常常表現出慷慨激昂的思想情感，風骨遒勁，這就是後人說的「建安風骨」。

南朝文學理論家劉勰在《文心雕龍》詳細說明：

故辭之待骨，如體之樹骸；情之含風，猶形之包氣。結言端直，則文骨成焉；意氣駿爽，則文風清焉。

這是說，好的文學作品，文辭應該有骨力，好比身體裏的骨骼一樣；情感需起教化作用，就如人應該具有氣質，能夠以品格感染他人。端直的言辭和駿爽的意氣，統一結合，就是詩文的「風骨」。

風，即文意，是一種內在的、能感染他人的精神力量和氣質。文學作品有了「風」，才能鮮明而生動。因此它體現詩文的生命力。「風」與作品的內容和情感有關。

骨，即文辭，文學作品的語言準確、簡練、明晰，文章就如同有了骨架的支撐，顯得剛健有力。因此，「骨」與文學作品的語言運用有關，指文章的表現力。

建安文學

建安文學，可謂中國文學史上一個羣星閃耀的時期，除了文壇巨匠「三曹」，還有「七子」。「三曹」是指曹操、曹丕、曹植父子三人。「七子」分別指孔融、陳琳、王粲、徐幹、阮瑀、應瑒、劉楨。

建安文學在詩歌、辭賦、散文都有建樹。詩歌方面繼承了漢樂府民歌的現實主義，書寫現實社會，關懷民生疾苦，同時又表達頑強進取、發憤圖強的精神風貌。曹操的詩慷慨悲涼如「對酒當歌，人生幾何？譬如朝露，去日苦多」，氣韻沉雄如「老驥伏櫪，志在千里」，盡顯英雄本色；曹丕的詩纖巧細密，清新明麗，如「秋風蕭瑟天氣涼，草木搖落露為霜」；曹植的詩骨氣充盈，淋漓悲壯，如「捐軀赴國難，視死忽如歸！」

除了「三曹七子」之外，還有著名文學家蔡邕之女，女詩人蔡琰（蔡文姬）。她博學多才，擅長文學、音樂、書法，著有《悲憤詩》和《胡笳十八拍》傳世。在漢末動蕩的亂局中，她流落匈奴二十年，晚年得曹操重金贖回。她以自身的悲慘遭遇，書寫亂世中婦女的不幸命運，例如以「處所多霜雪，胡風春夏起」，寫出匈奴艱苦的生存環境；以「號泣手撫摩，當發復回疑」，寫出母子分離的悲傷欲絕。詩歌敘事波瀾曲折，抒情如泣如訴，富有強烈的的感染力。

在風起雲湧的時代，建安文人執筆直抒胸襟，為後世留下大量優秀的文學作品，創造了中國文學史上，文人創作的第一個高峯。

詩壇雙峯李白杜甫

你知道誰最先稱李白為「謫仙」嗎？

杜甫的詩歌大多是寫甚麼？

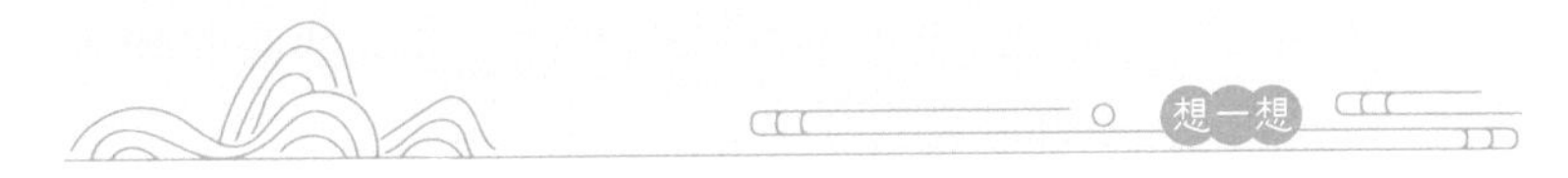

呼我謫仙人

李白的詩歌充滿浪漫主義，筆法誇張、想像豐富。神話傳說、夢境幻象、景物人物等，都被李白順手拈來，寫成奇異燦爛的詩篇。如《夢遊天姥吟留別》中的「青冥浩蕩不見底，日月照耀金銀台」，便是驚心動魄的神仙境界。李白用「白髮三千丈」比喻愁思；用「黃河之水天上來」形容河水；用「蜀道之難，難於上青天」表現蜀道之險；用「飛流直下三千尺，疑是銀河落九天」描寫瀑布。以意料之外、情理之中的創意和想像，將普通事物寫成瑰麗奇景。

李白除了因為浪漫的詩風被稱為「詩仙」外，還有一個稱號叫「謫仙」，是前輩詩人賀知章所贈。賀知章在長安初見李白時，便覺得他與眾不同。讀到李白的《蜀道難》即拍案叫絕，直呼他為「謫仙」，即落入凡間的仙人。

李白和杜甫在詩壇上各有千秋，也是相見恨晚的知交好友。李白比杜甫大十一歲。在洛陽初見時，李白年過四十，剛被賜金放還；杜甫正值而立之年，遊歷歸來。

兩人結伴同遊，談詩論文，結下了「醉眠秋共被，攜手日同行」的深情厚誼。其後各自流離，憑詩酬知己，遙寄思念情。杜甫一共給李白寫了十五首詩。李白流放夜郎數載杳無音信，杜甫心急如焚，寫下《不見》一詩。李白則有「思君若汶水，浩蕩寄南征」詩句，表達掛念往南而去的杜甫。

悲天憫人

杜甫心懷天下，念及蒼生，詩句「窮年憂黎元」、「濟時肯殺身」，體現憂國憂民、忠義仁愛的儒家傳統和道德品格。

杜甫有 1500 多首詩歌傳世，很多傳頌千古的名篇，比如「三吏」(《石壕吏》、《新安吏》、《潼關吏》) 和「三別」(《新婚別》、《無家別》和《垂老別》)。中年杜甫遭逢安史之亂，顛沛流離的生活，也讓他目睹和體會各處的民間疾苦。

某年秋天，狂風怒號，捲走浣花溪畔杜甫草堂上的茅草，又逢夜雨，屋中四面濕漏。此情此景，杜甫沒有哀歎自身遭遇，而是想到天下還有許多相同遭遇的人，於是寫下《茅屋為秋風所破歌》，最後幾句廣為流傳：

安得廣廈千萬間，大庇天下寒士俱歡顏，風雨不動安如山！

嗚呼！何時眼前突兀見此屋？吾廬獨破受凍死亦足！

杜甫那份以天下為己任的社會責任感和憂患意識，加上自身堅忍頑強的性格和樂觀精神，讓一切苦難變為悲憫，並化作筆底波瀾，發放正能量。

文以明道：韓愈、歐陽修

「推敲」這個詞與哪位文學家有關？

歐陽修為甚麼自號「六一居士」？

推敲「推敲」

據說唐代詩人賈島年青時赴京趕考，有一天，他騎着驢子在大街上邊走邊思考兩句詩：「鳥宿池邊樹，僧敲月下門。」他想用「推」字，後來又想用「敲」字。他一邊在驢背上費煞思量地斟酌，一邊用手做「推」和「敲」的動作。這時京兆尹韓愈經過，但賈島只顧思考用字，不知不覺就衝進了韓愈的隊伍中。隨從把賈島帶到韓愈面前，請求發落。韓愈詢問緣由，賈島把作詩一事相告，韓愈捋着鬍鬚思考許久才答：「還是用『敲』字好。」

韓愈非常欣賞賈島認真嚴謹的寫作態度，於是與他作伴同行，一起談論詩歌創作，兩人非常投契。「推敲」這個詞也成為認真思考遣詞用字的代稱。

唐宋古文運動

唐初，受魏晉南北朝駢文[1]的影響，人們偏重文章的華麗形式，忽視思想內容，文章往往流於無病呻吟，堆砌詞藻。

到了中唐時，韓愈和柳宗元大力反對這樣的寫作，並提倡用古文寫作，這便是「古文運動」。所謂古文，是指先秦時代的散文。古文運動，是要恢復先秦時代散文的優良傳統，不強求句句對偶，主張用散句的形式寫作，文氣要自由通暢。韓愈力挽狂瀾，起衰救弊，為文壇注入了活力。但到了晚唐又趨衰竭。

北宋初年，歐陽修以他崇高的政治地位[2]及文學才華入主文壇，再次推動古文運動。他上承韓愈的文學主張，寫作許多內容充實、文字平易暢達的文章，扭轉文壇上片面地追求形式辭藻的不良風氣。作為散文家的代表，後世常把歐陽修與韓愈相提並論。

歐陽修十分注重獎掖後輩，培養人才。王安石、曾鞏、蘇洵、蘇軾、蘇轍都曾得到他的提拔。他的寬廣胸懷和恢弘氣度，成就了「唐宋八大家」，即唐宋時期最著名的八位散文

---

1 駢文：文體的一種，行文以雙句（即儷句、偶句）為主，講求對仗、聲律和辭藻，偏重於形式。

2 歐陽修 22 歲登進士科，官至樞密副使、參知政事（副宰相）。

家，包括韓愈、柳宗元、歐陽修、蘇洵、蘇軾、蘇轍、王安石和曾鞏。除了韓、柳二人，其餘六人均生於宋代。

歐陽修晚年自號「六一居士」。他說家中藏書一萬卷、金石遺文一千卷、琴一張、棋一局、常備酒一壺，再加上一個老翁優遊於這五物之間，自得其樂，所以稱為「六一」。這種生活體現出歐陽修豁達開朗、淡泊明志的性格。

詞家盛者：蘇軾、辛棄疾

你讀過蘇軾哪些文學作品？

為甚麼辛棄疾的詞風雄壯沉鬱呢？

難倒遼國使者

蘇軾是中國著名文學家，和父親蘇洵、弟弟蘇轍合稱「三蘇」。他在詩、詞、賦、散文、書法、繪畫、弈棋、音樂等方面無一不造詣極高，真可謂是天才。

相傳在宋神宗熙寧年間，遼國使者來朝。這個人自認才高八斗，十分傲慢。他甚至想難倒翰林院的學士，以凸顯自己的才華。宋神宗知道蘇軾博學多才，便讓蘇軾去應對。

使者一見蘇軾就說：「蘇兄才氣，名震中原，今天你我有緣在此相聚，我想出個題，請你作詩，不知意下如何？」蘇軾微微一笑，說：「作詩，容易呢，不過，會看詩就難了。」隨即寫了一行「字」：

亭 景 畫 老 拖 筇 首 雲 暮 江 蘸 峰

這位使者看了許久都無法讀通。從此以後，他再也不敢炫耀自己的才華了。這首詩名叫《晚眺》，是這樣讀的：

長亭短景無人畫，老大橫拖瘦竹筇。
回首斷雲斜日暮，曲江倒蘸（照）側山峯。

詩歌利用了漢字的特點，從字形大小、筆畫多少、位置正反、排列疏密方式來設計，稱為「神智體」。例如，把「亭」字拉得很長，表示長亭；把「景」字壓扁，表示短景；「畫」字缺少了「人」，表示無人畫。這樣，「亭景畫」一組字就可以表示「長亭短景無人畫」的句意。如此類推。

中文這類有趣的文學創作，哪怕是看似無所不能的人工智能工具 ChatGPT (Chat Generative Pre-trained Transformer) 也難以精通呢。

英雄氣概貫長虹

與天才文豪蘇軾不同，辛棄疾不只是一個詞人，還是一位將軍。失去半壁江山的南宋，只能偏安一隅。22 歲的辛棄疾眼見北方的老百姓受異族欺壓，毅然決定投身抗金的行列，組織了一支義軍。豈料軍裏有個叛徒叫張安國，他貪圖金人的重賞，殺了義軍首領耿京，向金人投誠。辛棄疾聽到這個消息後，馬上率領五十個騎兵，直搗金國軍營，抓走張安國。

等金人反應過來，辛棄疾已帶領義軍揚長而去，直奔南宋了。

辛棄疾有強烈的愛國感情，矢志恢復中原。形之於詞，特別豪邁深摯，沉鬱雄麗。他為了國家的統一，民族的復興，甘心馬革裹屍，戰死沙場。比如《水龍吟・甲辰歲壽韓南澗尚書》所寫：

> 渡江天馬南來，幾人真是經綸手？長安父老，新亭風景，可憐依舊。夷甫諸人，神州沉陸，幾曾回首！算平戎萬里，功名本是，真儒事，君知否？

意思是說：自從皇室南渡以來，有哪個人算得上是治國能手？中原的父老盼望北伐，南渡的士大夫痛心山河淪喪。多少年了，可憐還是老樣子。朝中那些只求自保的權貴，對於中原淪陷，可曾真正關注過！我認為在驅除異族的萬里征途上建功立業，才是讀聖賢書的人真正應做的事，你知道嗎？

扛鼎之作四大名著

你認為一部出色的文學巨著需具備甚麼條件呢？

你能說出中國古典長篇小說四大名著是哪幾部作品嗎？

人物羣像栩栩如生

中國古典長篇小說四大名著，按成書順序分別指《水滸傳》、《三國演義》、《西遊記》、《紅樓夢》四部巨著。它們是中國古典文學的扛鼎之作，也是世界寶貴的文化遺產，有着極高的文學成就，深深影響中國人的思想觀念、價值取向和藝術審美。書中人物眾多，關係複雜，但作者依然能刻畫出栩栩如生、各具特色的人物羣像。

元末明初，施耐庵所寫的《水滸傳》主要描寫北宋末年，以宋江為首的 108 條好漢在山東梁山泊聚義的故事。梁山好漢，人人身懷絕技，為一個「義」字。「八方共域，異姓一家」，南北東西各別，忠誠信義無異，肝膽相照。《水滸傳》最突出的藝術成就，是善於把人物置身於真實環境中，緊扣人物的身份和經歷，成功塑造了眾多鮮明的英雄形象，如李逵、魯智深、林沖、武松等。

同樣成書於元末明初，羅貫中所寫的《三國演義》，以「七分實，三分虛」的寫作手法，描繪從東漢末年到西晉初年，三國時期近百年的歷史風雲。書中人物 400 多位，每位性格鮮明，形象生動，各具特點：如曹操的陰險奸詐；劉備的仁厚圓滑；關羽的義薄雲天；張飛的勇猛粗獷；周瑜的機智多疑；魯肅的外愚內智等，代表了仁、義、禮、智、信、勇等中國傳統品德。通過魏、蜀、吳三國的興亡故事，揭示「天下大勢，合久必分，分久必合」的歷史發展規律，並留下「桃園三結義」、「三顧草廬」、「青梅煮酒論英雄」、「火燒赤壁」、「刮骨療毒」、「揮淚斬馬謖」、「空城計」等許多耳熟能詳的故事。

明代吳承恩創作的神魔小說《西遊記》，是古代長篇浪漫主義小說的巔峯。通過大膽的想像，引人入勝的故事情節，創造出一個神奇絢麗的神話世界。書中融合佛、道、儒三家的思想，在神界佛境中注入現實社會的人情世態，充滿奇幻和趣味。唐僧師徒一路西行取經，途中盡是險山惡水，妖精魔怪層出不窮，經歷了九九八十一難，終於成功到達西天面見如來佛祖。書中塑造了孫悟空的理想英雄形象：超凡入聖，但也會遇到艱難困苦，遭受人生挫折，角色有血有肉而不乏浪漫的幻想。

十年辛苦不尋常

成書於清代的《紅樓夢》，是中國，以至世界文學史上一部不朽巨著。「十年辛苦不尋常，看來字字皆是血」，作者曹雪芹一絲不苟的創作態度是這部書獲得世人推崇備至的重要原因之一。他的創作態度嚴謹認真：「其間離合悲歡，興衰際遇，俱是按跡循蹤，不敢稍加穿鑿，至失其真。」小說具有現實生活作基礎，內容與作者親身經歷有一定關係。曹雪芹精心剪裁，滲入自己的所思所想：「該添則添，該藏則藏，該減則減，該露則露。」於悼紅軒中披閱十載，增刪五次，方得成書。

《紅樓夢》成就一門「紅學」，專門研究和考證本書的文本和作者。最早的紅學可以追溯到脂硯齋所作的評語，這是在《紅樓夢》創作過程中完成，內容涉及創作思想、作者家世、素材來源、人物評價等非常珍貴的紅學資料。後世如魯迅、胡適、周汝昌等皆是研究紅學的名家。

國樂風情：古琴、二胡、骨笛

中國哪種樂器入選聯合國教科文組織

《人類口述和非物質遺產代表作》？

為甚麼中國許多樂器的名稱都有一個「胡」字？

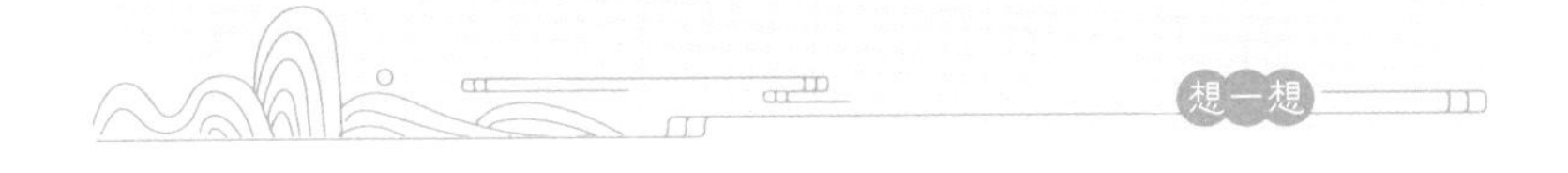

九千年遺音

人類通過演奏樂器，藉以表達、交流思想感情。古老的中華民族有九千年源遠流長的中國音樂文化。1987 年出土的賈湖骨笛，用鶴類長肢骨管製成，磨製精細，是迄今為止中國發現最古老的樂器，也是世界上最早的吹奏樂器，比古埃及出現的笛子要早 2000 年。賈湖骨笛被稱為世界笛子的鼻祖。

古琴是中國最古老的傳統彈撥樂器。2003 年，中國古琴藝術被聯合國教科文組織列入《人類口述和非物質遺產代表作》名單。相傳黃帝創造了古琴，到西周時期已廣為流傳。古代文人多通曉琴、棋、書、畫，操琴通樂是古代君子修養的要求。古琴擅於製造虛遠的空靈美感，體現平和敦厚的風範。

除了骨笛和古琴，出土文物中可見多種多樣的樂器，如新石器時代文化遺址浙江河姆渡出土的骨哨；仰韶文化遺址西安半坡村出土的塤；河南安陽殷墟中出土的石磬、木腔蟒皮鼓；湖北隨縣曾侯乙墓出土的編鐘等，這些古樂器向人們展示了中華民族的智慧和創造力，以及熱愛生活的情趣。

胡琴家族各展風采

中國樂器種類繁多，如笛子、琵琶、古箏、胡琴等，共同譜出輝煌的中國音樂史。其中，胡琴是一個「大家族」，成員眾多，包括二胡、中胡、板胡、革胡、高胡、京胡等。它們的名字都有「胡」字，古代中原人往往概稱北方和西北方少數民族為「胡族」，因而對胡族傳入的事物多冠以「胡」字。

民間音樂家華彥鈞（又名阿炳）創作和演奏的二胡樂曲〈二泉映月〉，是中國民族音樂文化寶庫中一首享譽海內外的優秀作品。

阿炳因雙目失明，生活坎坷，到處流浪，以賣藝為生。這首樂曲表現了他飽嚐人間辛酸和痛苦的心境，全曲展現一種柔中帶剛、帶有幾分悲涼的感情。大半個世紀以來，〈二泉映月〉以不同的演奏形式再現，讓那幽怨悠揚的音調，迴蕩於各國的樂壇上。

曲藝精粹：京劇、崑劇、粵劇

甚麼是「折子戲」呢？

紅色的京劇臉譜代表哪一類人物？

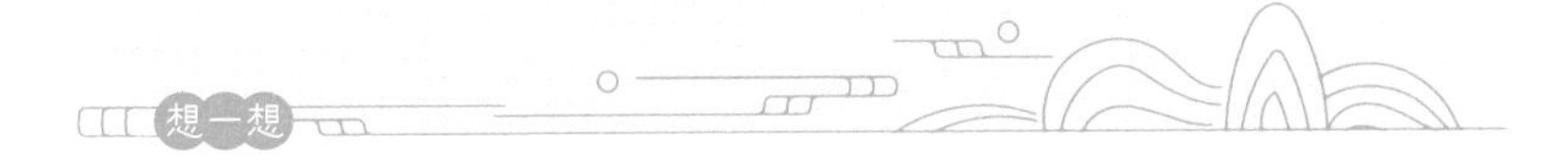

「詩劇」特色，文人喜愛

崑劇又稱「崑曲」，是中國傳統戲曲中最古老的劇種之一，源於明代中葉江蘇崑山一帶的崑山腔。

崑曲的劇本，情節豐富，人物眾多。演出一部故事情節完整的崑劇，可能需要幾天的時間。於是有人將全劇中一些較精彩的內容抽出來單獨演出，漸漸出現簡縮的演出本，稱為「折子戲」。

明清兩代，編寫崑曲劇本的作家，許多都是才華洋溢的文學家。他們所寫的崑劇，語言優美典雅，將詩的精神和語言融入曲中，形成中國戲曲「詩劇」的特徵。例如《西廂記．長亭送別》：

碧雲天，黃花地，西風緊，北雁南飛。

曉來誰染霜林醉，總是離人淚。

崑曲用詞優美，風格典雅，與民間戲曲的通俗風格，形成鮮明對比，因而崑曲獲得很多文人雅士的喜愛。2001年，聯合國教科文組織將崑曲列入《人類口述和非物質遺產代表作》名單。

在中國眾多的地方戲劇中，劇目數量最多的要算粵劇。粵劇，是廣東省最大的地方戲曲劇種，具有300多年歷史。它的唱腔和音樂以「梆簧」為主，並保留了弋陽腔和崑山腔的部分曲牌，以及南音、木魚等廣東民間曲調。除傳統劇目《帝女花》、《紫釵記》等，粵劇吸收了電影、話劇和社會生活的養分，使表演藝術更加生活化。而且粵劇不一定都以古裝演出，上世紀二三十年代的劇目《鄉下佬遊埠》、《鬥氣姑爺》、《白金龍》等，都是穿上時裝演的。

繼承傳統，不斷創新

清中葉後，崑曲的地位逐漸被京劇取代，日趨式微。京劇在200多年前形成，集中國傳統戲劇之大成，被譽為國劇。唱、唸、做、打是京劇的四種基本表演手段。唱，是指京劇的唱腔；唸，是指京劇的唸白；做，是指京劇的表演；打，是京劇形體表演的另一部分，主要表現格鬥和武打場面。

臉譜是指中國傳統戲曲中，用各種顏色在演員面部勾畫的特殊圖案。京劇的臉譜，採用各種顏色，運用誇張的藝術手法，清晰表現劇中角色的忠、奸、善、惡、美、醜，反映出人物的性格特徵。京劇臉譜在色彩和圖案上都有固定的標準，比如在色彩方面，紅色表示忠烈正義的人物，如關羽；黑色表示魯莽豪爽的人物，如張飛；白色表示陰險狡猾的人物，如曹操。

在京劇發展的過程中，出現了一大批傑出的藝術家，如老生的譚鑫培、武生的楊小樓、旦角的梅蘭芳、花臉的侯喜瑞、丑角的蕭長華等。他們都為京劇發展作出了重要貢獻。

書畫園林妙合天然

中國繪畫為甚麼很注重在畫面上留白？

皇家園林和私家園林分別有甚麼特點呢？

水墨意趣

藝術承載人們心靈、精神的共鳴。中國書畫和園林藝術，都很好地體現出濃淡相宜、虛實結合的東方美學。

中國繪畫即「國畫」，可分為水墨畫和彩墨畫兩大類別。

水墨畫是以水和墨繪成的畫，以墨色為主要作畫元素。國畫家在墨中加入不同分量的水，變化出「乾、濕、濃、淡、焦」等效果，以代替各種色彩。無論是蒼老的樹皮、堅硬的石塊、輕柔的花瓣，通過不同的墨色和用筆方法，均能準確地表現出來，讓人拍案叫絕。

而彩墨畫就是彩色與墨色並重的繪畫。創作時，多先勾勒輪廓，然後敷彩。後來，受到西方繪畫的影響，畫家多以彩和墨混合描繪。

中國傳統繪畫很注重在畫面留有空白，這是一種特殊的構圖形式。空白處並不是空無一物，它可能是蓊鬱的晨霧，可能是蒼茫的雲海，也可能是流轉的河水。通過觀賞者的聯想，能收到更佳的藝術效果。

同以水墨創作的書法，是一種線條造型藝術，具有極高的審美價值。書法字體分為篆書、隸書、草書、行書和楷書五大類，表現手法非常豐富。比如唐代顏真卿的楷書寬博端莊，剛毅沉雄，線條蒼勁渾厚；唐代褚遂良的書法瘦勁俏麗，筆畫較細，宋徽宗的瘦金體即由此發展而來。晚唐草書大家張旭筆法奔放，相傳是從公孫大娘千變萬化的劍舞中獲得靈感。張旭將公孫大娘輕重疾徐的動態，融會於書法創作中，形成「如走龍蛇，奇險萬狀，急風驟雨，變化無常」的技巧。

移天縮地在君懷

園林和書畫都體現出中國傳統美學講求空間感的特點。中國古典造園藝術的特色是妙合天然。中國園林可以分為皇家園林和私家園林，兩者都十分注重自然景物的佈局。皇家園林，佔地廣闊，山水花卉，一一俱備。雍容華貴，形成獨特的皇家氣派。承德避暑山莊是規模最大的清代皇家園林，集古代造園藝術之大成，薈萃南北風光。而佔地不多、空間有限的私家園林，則擅長運用借景、疊山理水、花木配置等手法，造出詩情畫意的深遠境界。

中國園林善於融入造園藝術家的情意，達到情景交融的境界。透過園林的名稱、匾額、楹聯等，可領略造園者的情感。如御史王獻臣因不滿權奸當道，辭官還鄉，在蘇州建築「拙政園」，取「灌園鬻蔬，此亦拙者之為政也」之意。據說上海「豫園」的主人素有賢孝之名，建造此園就是為了取悅年老的雙親，取「豫悅老親」之意。

園林造境還體現中國人的哲學理念，比如天圓地方。名揚天下的蘇州園林裏，月門、月窗隨處可見。一片方牆中，建一扇圓形的門，象徵團圓美滿的滿月，更表達和諧包容之意。

第八章

成天下之材者在教化

禮敬天地君親師

如何將孝道做到推己及人？

你知道怎樣才能實現大同社會嗎？

推己及人

孝道是中國人的傳統美德，也是家庭中的核心道德。孝道的重點在於對父母存有尊敬之心，能以真誠的態度侍奉他們。除了孝敬父母，《孟子》說：「老吾老，以及人之老；幼吾幼，以及人之幼。」意思是：尊敬自己的長輩，從而推廣到尊敬別人的長輩；愛護自己的兒女，從而推廣到愛護別人的兒女。古人提倡孝悌，希望人們能夠推己及人。

闡述儒家孝道和孝治思想的著作《孝經》，第一章就開宗明義：

夫孝，德之本也，教之所以由生也。

意思是說，孝是一切道德的根本，所有品行的教化都是由孝道產生，闡明孝道是治理天下最好的方法。如果君主能以孝道教化臣民，那麼社會各階層的人都會相親相愛，天下自然就會太平。

兩千年來，上至帝王將相，下至黎民百姓，都對孝推崇備至。唐玄宗更親自抄寫《孝經》，刻石立於太學，至今仍屹立在西安碑林中。

大同社會

古時候，子弟會供一塊木牌，上寫「天地君親師」五字。這是儒家祭天地、祭祖、祭聖賢的表現，體現敬天法祖、孝順親長、忠君愛國、尊師重教的價值觀。中國古代以天為至高神，以地配天，化育萬物，因此祭天地有感謝造化、敬畏自然之意。

春秋時期，孔子周遊列國。齊景公向孔子請教治國之道，孔子告訴他：「只要做到君君、臣臣、父父、子子，天下自然能夠大治。」

孔子所說的「君君、臣臣、父父、子子」，前一個「君」字是名詞，後一個「君」字是動詞。即是說「做君主的盡君主的本分，做臣子的盡臣子的本分，做父親的盡父親的本分，做兒子的盡兒子的本分。」齊景公很認同孔子的主張，認為如果君不盡君的本分，臣不盡臣的本分，父不盡父的本分，子不盡子的本分，即使國家再富庶，社會也不一定會和諧。如果君主勤政愛民，大臣盡心盡力協助君主，父親全心全意教導兒子，兒子真心孝敬父親，所有人都在人倫關係中盡自己的本分，就能建構一個充滿愛心、和諧而有秩序的社會，這便是孔子想見到的大同世界。

後來孟子明確總結了上述各種人際關係及其應當遵守的行為準則，即：「父子有親，君臣有義，夫婦有別，長幼有序，朋友有信。」(《孟子・滕文公上》)

謙稱尊稱要分清

你知道「令尊」和「令嫒」是甚麼意思嗎？

試舉出一個謙稱和尊稱的例子。

尊稱對方

古人在社交中，會使用敬稱來稱呼對方。敬稱帶有敬重、敬仰、頌揚的感情色彩，例如：父母親大人膝下、某某仁兄閣下、某某君、閣下、大人、仁兄等都是敬稱、尊稱。尊稱對方，除了是禮貌的表現之外，還能給人莊重的感覺，體現人的文化修養。

「子」是古代對有學問、有德行的男子的尊稱，類似於今天的先生之意，如：孔子、孟子、老子、韓非子、莊子等。對師長、老人、有道德的人還可以敬稱為「先生」，這種用法流傳至今。古人尊稱對方時，還往往加上「台」字，如稱「兄台」；同姓之人則互稱「宗台」等。稱呼對方親屬時，則使用「令」、「尊」、「賢」等敬重之稱，如稱對方父母親為「令尊」、「令翁」、「令母」、「令堂」、「尊父」、「尊堂」等；稱對方妻子為「令妻」、「尊夫人」、「令正」等；稱對方的兒子為「令郎」、「令子」，女兒為「令嬡」。「令」有善美的意思。

由於身份經常轉換，對不同的尊敬對象，需用不同的敬稱。中國古代在這方面是非常講究的，能被尊為「禮儀之邦」，與得體地使用這些敬稱密不可分。

自我謙稱

古人在別人面前稱呼自己或親屬時，同樣講究使用謙稱，以表示自己謙遜有禮。古人常用的謙稱有「愚」、「鄙」、「卑」、「小」等。這些詞語都含有愚笨、才疏學淺的意思，如自稱為

「愚兄」、「鄙人」、「在下」、「晚生」；稱自己的著作為「拙著」、「拙文」、「敝作」、「拙稿」等；談論自己的觀點為「愚見」、「愚意」等。老人自謙時，常用「老朽」、「老拙」、「老夫」、「老身」等，以謙指自己年老無用。即使是皇帝，也常以謙詞自稱，如「孤家」、「寡人」等。

古人在交談、通信或見面介紹時，提到自己的兒女，常常加上「小」、「愚」、「賤」、「頑」等字，如「愚兒」、「頑子」、「小女」、「犬子」、「犬兒」等。如果在別人面前稱呼比自己輩分高或年長的家人，則會使用「家」字，如「家母」、「家父」、「家兄」、「家嫂」等；稱呼比自己輩分低或年幼的家人，則冠以「舍」字，如「舍弟」、「舍妹」、「舍姪」等，以表謙遜。

舉手投足有規範

為甚麼說「先敬羅衣後敬人」？
古人提出「坐如鐘，立如松，行如風，臥如弓」
是甚麼意思呢？

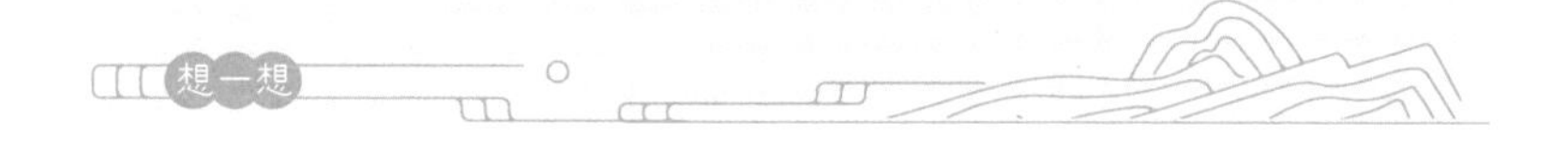

注重服飾禮儀

古人非常注重服飾禮儀，成年男子出門衣冠不整會被視為無禮之舉。

南齊時期，劉瓛與弟弟劉璡同住。有一天晚上，劉瓛想找弟弟聊天，便叫了一聲：「弟弟，你睡覺了沒有？」他沒聽見應答，以為弟弟睡着了。過了半晌，卻傳來弟弟的回答。劉瓛感到奇怪，問道：「你為甚麼這麼晚才回應呢？」弟弟劉璡回答說：「我聽到哥哥的呼喚，便馬上起來穿衣束冠。只因帶子沒有繫好，人沒站立，才不敢回答，請哥哥原諒。」劉瓛聽說後，很高興地說：「太好了，弟弟你真是一個有修養的人。」

俗語說：「人要衣裝，佛要金裝」，可見衣冠服飾很重要，是個人修養的表現。所謂「先敬羅衣後敬人」，道理也在此。我們出席任何公眾場合，都要穿着得體合宜的服飾。這看似微不足道的事情，卻包含基本禮儀及個人修養。

講究坐立行臥姿勢

俗語說：「站要有站相，坐要有坐相」，與「坐如鐘，立如松，行如風，臥如弓」是一脈相承，指出一個人在社交禮儀中的各種身體姿勢和細微動作，都不可以掉以輕心。在日常生活中，有些舉止行為需要加以注意。

古人說「立如松」，要求站立時要正直，兩臂和手在身體兩側自然下垂。如果站立時身體東倒西歪，或者雙手叉腰，都會被視為無禮之舉。

其次，我們要留意坐要有坐相，有些人喜歡晃腿、搖足或坐得東歪西倒，這是缺乏教養的不雅坐姿。所謂「坐如鐘」，是說坐姿要端正。面對別人時，上身應正直而稍向前傾，頭平正，兩臂自然下垂，兩手置於腿上，雙腳並立。

「行如風」是強調行走時，身體直立，平視前方，步履適中而輕鬆，且大致走在一條直線上。在公共場合，走得過快或過慢都會妨礙別人。多人結伴時，更不應該排成橫隊行走，以免影響他人。

古人對儀表及舉止行為如此重視，只因外表整潔及舉止有禮是個人修養的體現，是尊重他人的表現。古人談進德修身，兼顧內外，這很值得我們學習。

虛擬社交禮不虛

如何做才符合虛擬社交禮儀？

你認為如何才能避免網絡暴力？

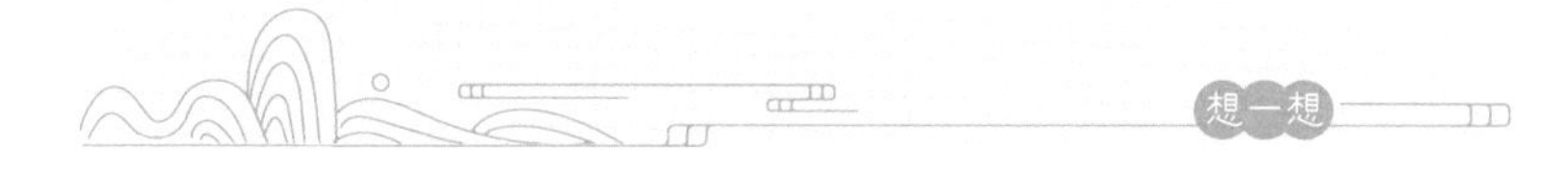

虛擬社交

網絡社交禮儀其實是對現實社交禮儀的延伸與重塑。隨着「元宇宙」的興起和發展，未來人們會有更多時間留在網絡空間。人們的日常生活，溝通交流，工作開會，娛樂玩耍，都離不開網絡。因此做一個合格的網友，一個良好的網絡公民，需要學習虛擬社交禮儀。

運用社交軟件聊天，是人們最常見的溝通方式。一些不成文的社交禮儀，逐漸約定俗成，彼此默默遵守，讓網絡社交順暢愉快。比如，添加好友時，請先自我介紹，說明緣由。雙方互相問好之後，再以更詳細的描述，將自我介紹及目的複述一遍，這樣也可以打破初始交談的尷尬氣氛，快速進入正式交流的狀態。

第二，少發語音訊息，太長的語音訊息會佔用他人的時間。若別人正在嘈雜或安靜的地方，也不適宜聽取語音信息。同理，不宜未預約就直接視頻通話，因為不知道對方是否在合宜的場所或者是否有空。如果你確實不方便打字，可以在發語音信息或者視頻之前，提前詢問對方是否方便，或者預約時間。

第三，收到訊息需及時回覆，不宜簡單回覆「嗯」、「啊」、「哦」，顯得敷衍了事。若來不及回覆訊息，或一時不知如何馬上回覆，可先禮貌地解釋，表示現在比較忙，不方便回消息。並指會晚些回覆，以避免誤會。以及記得設置一個提醒，以免自己真的忘記回覆。

換位思考

觀看網絡視頻是現代人的一種重要娛樂方式。在某些平台上，觀看視頻時可以發送大量吐槽評論。它們從螢幕上飄過，效果看起來像飛行射擊遊戲裏的「彈幕」，網民由此命名這種大量吐槽評論出現的效果。彈幕禮儀起源於網絡平台對早期彈幕區混亂狀況的引導和整治。隨着彈幕日漸流行，一些主流的網絡平台逐步完善彈幕禮儀的規定：包括禁止在彈幕中出現違反法律規定、人身攻擊、劇透、遮擋字幕等不合規、不道德的行為，同時鼓勵發送溫暖、有愛、富有正能量的彈幕。

另外，信息傳遞出錯，是每個社會都存在的問題，即時性極強的網絡世界也如是。人們由於各種原因，會像盲人摸象一樣，造成信息的理解角度、觀點、態度的差異。於是對事情不同的描述，也會伴隨着各種謠言的誕生。

莫信謠，不傳謠，是當代合格網民的基本原則。如果我們對事情沒有實地考察，不知全局，不明細節，最好還是默默關注，等待正式宣佈。因為在敏感時間中，信息差異容易被無限放大。

除此之外，網絡暴力是極不可取。借助互聯網匿名功能，對受害者進行謾罵、抨擊、侮辱、誹謗等行為，對當事人的隱私權、人身安全權及其正常生活造成威脅或某種不良影響的後果。謹慎發表網絡言論，拒絕以暴制暴。我們每個人都可以是守護者，用實際行動終結網絡暴力。

總而言之，網絡社交禮儀的核心，與現實社交相近。學會換位思考，不要只站在自己角度看問題。遇到任何想施行網絡暴力的憤怒情況，都請先深呼吸，遠離鍵盤，做個溫柔的人。

察舉制與科舉制

你認為任用人才應以德行還是能力居先？

你知道甚麼叫「連中三元」嗎？

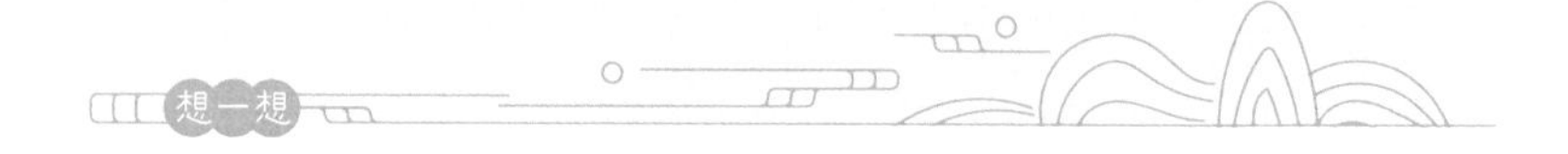

重德精神的察舉制

漢代的選任官員制度和後世很不同。漢高祖感到人才缺乏，於是下詔求賢。漢文帝要求舉薦賢良方正及能言極諫的人，並親自策試。後來，漢武帝接受董仲舒的提議，正式全面推行察舉制。漢代施行察舉制，使平民百姓也有為官的機會，打破漢初中央及地方各級官吏由功臣及其後裔壟斷的局面。它以德行及才學為標準，選出大批賢良人才做官。重視一個人的德行，對改善一個時代的風氣大有幫助。察舉制以「鄉舉里選」為依歸，促使讀書人重視品格，形成漢代敦厚儒雅的士風。

察舉制是一種推薦方式，需由地方官吏負責推舉，推薦的標準並不明確，容易產生流弊。當時郡太守往往舉薦親屬，舞弊叢生，以致出現了「舉秀才，不知書；察孝廉，父別居」的現象。

其實，任何一種制度都難免有缺陷。在實施過程中，如果執行再有偏差，其缺陷就會進一步暴露，出現弊病。察舉制推行後期，固然產生了很大流弊，但察舉制的優點還是值得重視，那就是重視德行的精神。

程序嚴謹的科舉制度

科舉制度是隋唐以來直至清朝末年選拔官吏的主要渠道，應試者不論身世背景，富貴貧賤，一律有資格參加。以考生文章、才學決定「中式」與否。

隋煬帝時，增設進士科，以詞賦文采取士，科舉制度由此產生。在唐代正式確立，每年秋後進行一次考試，科目很多，以進士科最受重視。

宋代政府官員大都是科舉出身。單就宋仁宗在位數十年間，就出了范仲淹、王安石、歐陽修、蘇軾、司馬光、沈括、朱熹等，可謂文星燦爛，人才輩出。

明清科舉考試的程序極為嚴謹，考生必須經過四級遞考：

第一，童試：各府、縣的童生，由縣、府、各省學政進行甄選考試。合格者稱為生員，俗稱秀才，可參加鄉試。

第二，鄉試：在各省省城舉行，由朝廷派員或各省長官主考。考中者稱舉人，舉人中的第一名稱解元，可參加會試。

第三，會試：在京師舉行，由禮部主持，中式者稱貢士，貢士中的第一名稱會元，可參加殿試。

第四，殿試：在殿廷舉行，由皇帝親自主持，評定等第。考試分三甲取錄：一甲三名，依次稱狀元、榜眼、探花；二、三甲稱進士，名額根據需要而定。

解元、會元、狀元，合稱「三元」。中國科舉史上，只有寥寥無幾的人能夠做到「連中三元」。

學校育才以應科舉，科舉取士源自學校。科舉制是當時世界上最先進的育才選才模式。

方塊漢字源遠長

你知道甲骨文是誰發現的嗎？

漢字有多種字體，你最喜歡哪一種？

從甲骨文到楷書

迄今為止已發現並能被解讀的最古老漢字是甲骨文。發現甲骨文是十九世紀末的事。在 1899 年以前，不論一般人或文字學家，都不知道中國歷史上有過甲骨文。

說起甲骨文的發現，還有一段故事呢。話說有一味中藥叫做「龍骨」，是遠古時代脊椎動物的骨骼和牙齒的化石，中藥店會以低價論斤收購。清末河南省安陽市小屯村農民在耕地時，挖出一堆又一堆上面刻着字的龜甲與獸骨的化石，並把它當作龍骨賣給中藥店。在一個偶然的機會下，當時著名的金石學家王懿榮見到這樣的龍骨，憑着他湛深的文字素養，判定龜甲獸骨上的字是中國古代的一種文字，於是以每片二兩銀子的高價收購。這種文字是刻在或寫在龜甲獸骨上，所以稱為甲骨文。甲骨文是商代的文字，而出土甲骨文的安陽市小屯村是商朝國都殷的遺址，怪不得那裏會發掘出大量的甲骨文。

從甲骨文發展到今天的漢字，經歷金文、篆書、隸書、草書、楷書等階段。篆書以前的漢字，象形意味較重，筆畫多呈弧形。甲骨文是用刀刻的，其筆法方筆居多，圓筆較少，筆畫較細；金文是鑄或刻在金屬器皿上的，筆畫較粗，結構趨向方正。篆書可分為大篆與小篆：小篆是由大篆演變而來，其特點是筆畫勻圓整齊，結構簡單統一，是秦始皇用來統一全國文字的形體。後來，民間流行隸書。它起了承前啟後的作用，特點是筆畫由曲變直，由圓變方，結構工整，帶有稜角。從隸書開始，漢字漸被定形，成了端平八穩的方塊漢字。

三國時期，魏國人在隸書的基礎上改進字形和筆畫，形成楷書。「楷」者，楷模法式也。楷書字體端正，筆畫清楚平直。後人就把楷書字帖稱為「法帖」。因為易寫之故，凡是學習漢字書寫的，幾乎都從楷書入手。可以說，楷書是漢字字體中最通俗的一種，最容易看得明白，因此人人喜見樂用。

倉頡造字傳奇

傳說始祖黃帝的史官倉頡創造了漢字。古書上記載，倉頡天生有四隻眼睛，能窺測天地間奧秘。沒有人知道倉頡所造的字是甚麼樣，但從這一傳說中可推測，在甲骨文之前應該有更古老的漢字。漢字的出現，大大推動了漢文化的進展，因此古人說，倉頡造字時老天爺撒下大量穀物表示祝賀，而敵視人類的鬼魅則哀戚地躲在陰暗的角落裏哭泣。

當然，一個人創造出大批文字給全社會使用，是不可思議的事 —— 漢字絕不是倉頡閉門造車一人創造的。文字是在社會交際中，由千千萬萬人創造並使用；個人只能在文字出現之後，加以收集、歸納和整理。如果歷史上真有倉頡其人，他的功勞應該是整理漢字。

（圖片來源：台北國立故宮博物院）

白話文言一脈傳

「我手寫我口」的真正含義是甚麼？

我們今天為甚麼要學習文言文？

時代潮流

二十世紀一二十年代，以陳獨秀、胡適為代表的知識分子，推展新文化運動。他們提倡新文學，主張用白話代替文言寫作，是新文化運動的重要一環。

據說胡適在北京大學任教時，常常盛讚白話文。有一次，當胡適正在對白話文大加稱讚時，有一位學生突然站起來，問道：「胡教授，難道白話文就沒有缺點嗎？」胡適肯定地回答說：「沒有。」那位學生卻說：「不，白話文廢話太多，打電報用字多，花錢多。」胡適回答說：「我不認同。前陣子，有位朋友邀請我去政府部門工作。後來，我決定不去，就回電拒絕了。那麼，同學們根據我這個意思，用文言文寫一個回電，看看用白話文或是文言文省字，好嗎？」同學們聽了，就開始動筆。

不一會兒，同學們都寫好了。胡適就挑了一份用文言文寫成的電報，內容是這樣的：「才疏學淺，恐難勝任，不堪從命。」意思是說學問不深，恐怕不能勝任這份工作。胡適說：「很好，只用了十二個字。可是，我用白話寫成的電報卻只有五個字，那就是『幹不了，謝謝！』」

胡適解釋說：「『幹不了』就是才疏學淺、恐難勝任的意思；『謝謝』兩個字，一方面感謝朋友的介紹，一方面又有婉拒的意思。其實廢話多不多，並不是看它是文言文還是白話文，最重要的是注意用詞，詞能達意。」

為什麼胡適會如此推崇白話文呢？他曾經這樣說：

> 時代變得太快了，新的事物太多了，新的知識太複雜了，新的思想太廣博了，那種簡單的古文體，無論怎樣變化，終不能應付這個時代的要求。

胡適主張「我手寫我口」，用接近口語的當代語言寫文章，不應摹仿古人寫文言文。

文白相承

1917年，胡適與陳獨秀先後在《新青年》雜誌發表文章，提出文學改良的建議，主張「言文一致」：在形式方面，不用文言，採用白話；在內容方面，反映現實社會人生，表現當代人的思想感情。

他們的主張，很快就得到其他學者的響應，如魯迅、俞平伯、周作人、朱自清、郭沫若等等。用白話文寫作的新文學作品，如詩歌、散文、小說、戲劇等，像雨後春筍一樣不斷湧現。

白話文起初只用於通俗的文學作品，如章回小說等。後來，在胡適和陳獨秀等人的提倡下，白話文才逐漸在社會普及。今天，白話文已經成為主要的書面語言。

文言文用詞古雅，又多使用典故和對仗，對現代人的閱讀造成一定障礙。但我們絕不能忽視文言文的價值，中國古代的經史典籍，以及許多傑出的文學作品，如《詩經》、《楚辭》、《史記》、唐宋詩詞等，都是以文言詞語寫成的。因此，今天我們還是要具備閱讀文言文的能力，這樣才能夠更好地繼承中華文化遺產，保存國粹，宏揚中華文化。

胡適

德先生和賽先生

你知道「德先生」和「賽先生」是指甚麼嗎？

新文化運動提倡白話文是否切合時宜？

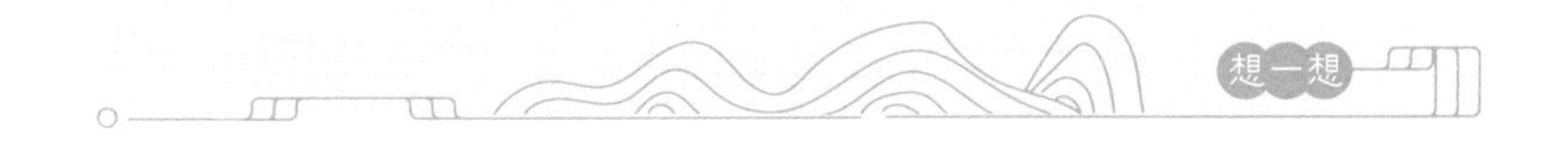

德先生和賽先生

1915 年，陳獨秀在上海創辦《青年雜誌》(隨後編輯部移到北京，改名為《新青年》)，拉開了新文化運動的序幕。當時，陳獨秀極力邀請「德先生」和「賽先生」參與。究竟「德先生」和「賽先生」來自何方呢？且看看他們的自我介紹：

德先生：大家好！我是「民主」，來自西方國家，英文名字叫 Democracy。中國人喜歡稱呼我「德莫克拉西」或「德先生」。

賽先生：Hello！我是「科學」，英文名字是 Science，人們都稱呼我「賽因斯」或「賽先生」。

德先生：我們來到中國，是希望推廣民主自由思想，鼓勵青年追求科學的研究精神。

賽先生：對，我們希望能推動中國的發展，使她繁榮富強起來。

原來，陳獨秀希望藉西方民主和科學的精神，建設新文化、新思想，以改變當時中國專制和迷信的落後狀態。

新文化運動自 1915 年開始，持續了十多年，為中國文化思想史揭開嶄新的一頁。先後參與推展新文化運動的學者有陳獨秀、胡適、李大釗、蔡元培、魯迅、劉半農等，他們都積極提倡民主與科學，為中國帶來新氣象。

掌握未來

新文化運動期間，從歐洲回國的蔡元培出任北京大學校長，他積極推動改革，主張男女同校，提倡新式教育。他對中國傳統的習俗，持批判態度。蔡元培曾經刊登一則徵婚廣告，提出以下條件：

1. 女子須不纏足者；
2. 須識字者；
3. 男子不娶妾；
4. 男死後，女可再嫁；
5. 夫婦如不相和，可離。

這則廣告的內容與中國傳統的婚姻禮俗大相逕庭，當時受到強烈的批評，被視為離經叛道。事實上，它反映新文化運動是希望破除不合時宜的舊禮教、舊思想，並建立全新的道德價值觀。

新文化運動確實為學術、文化、思想發展帶來了不少新元素，開創了一個新局面。究竟為甚麼要推行文化改革呢？我們可從蔡元培的《兒童節歌》找到答案：

好兒童，好兒童，
未來世界在掌中。
若非今日勤準備，
將來落伍憾無窮。

蔡元培認為要掌握將來，人們不僅要保留優良的傳統文化，也要學習新的科學知識，不斷進修。同樣，面對瞬息萬變的世界，國人也要不斷充實自己，認識中、西方文明，擷取兩方的精華。這樣才能掌握未來，不致被時代的潮流淘汰。

蔡元培